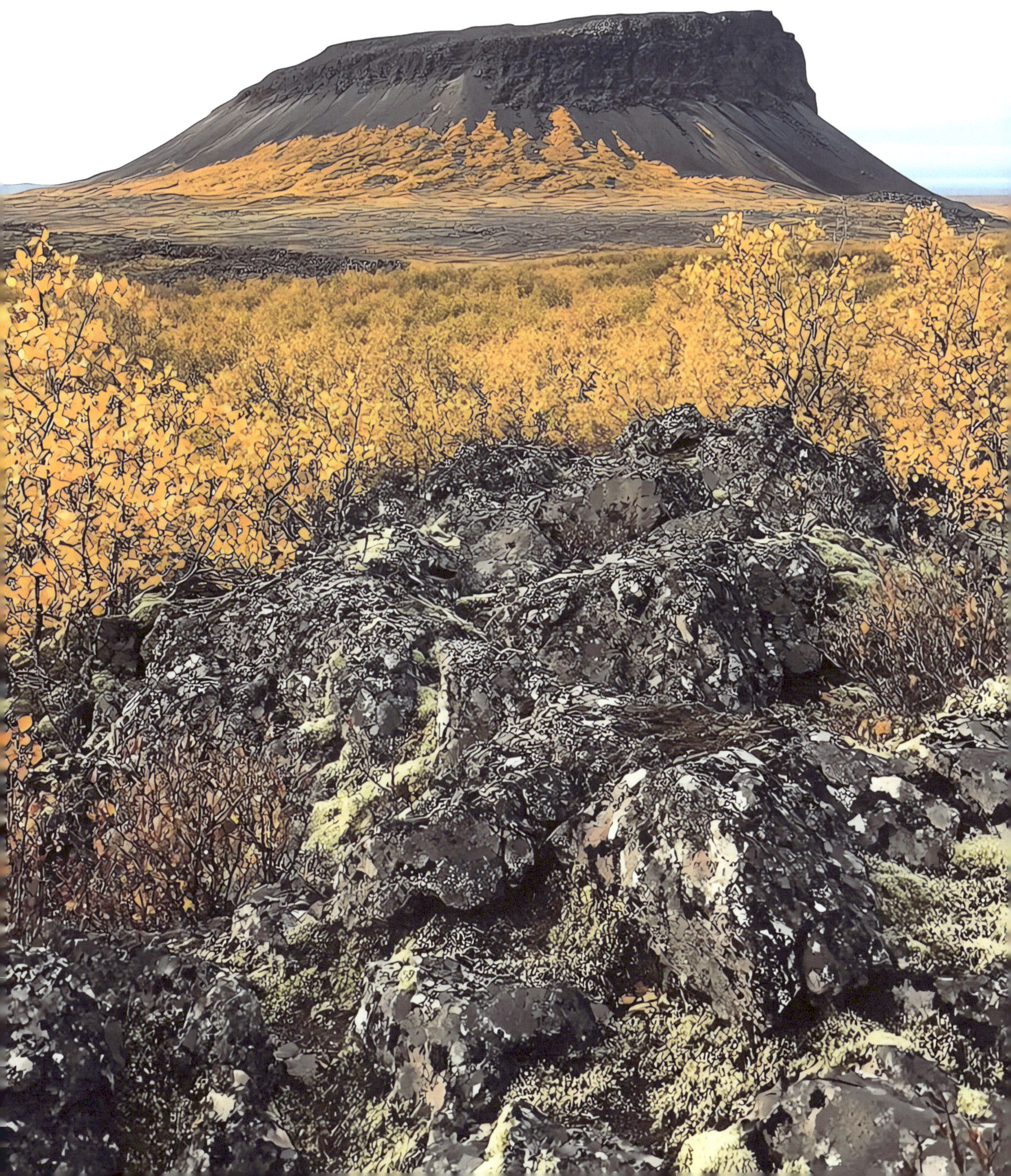

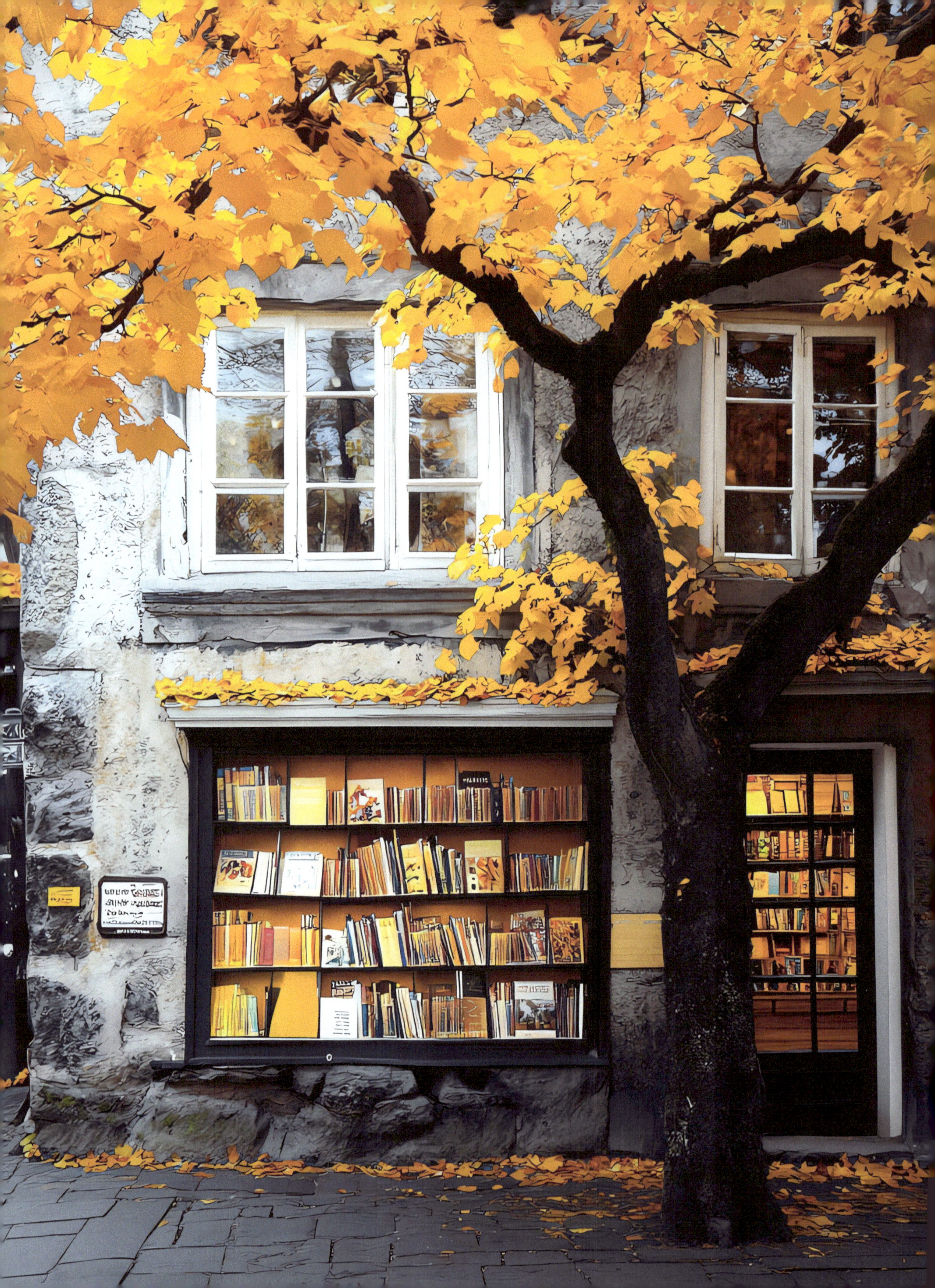

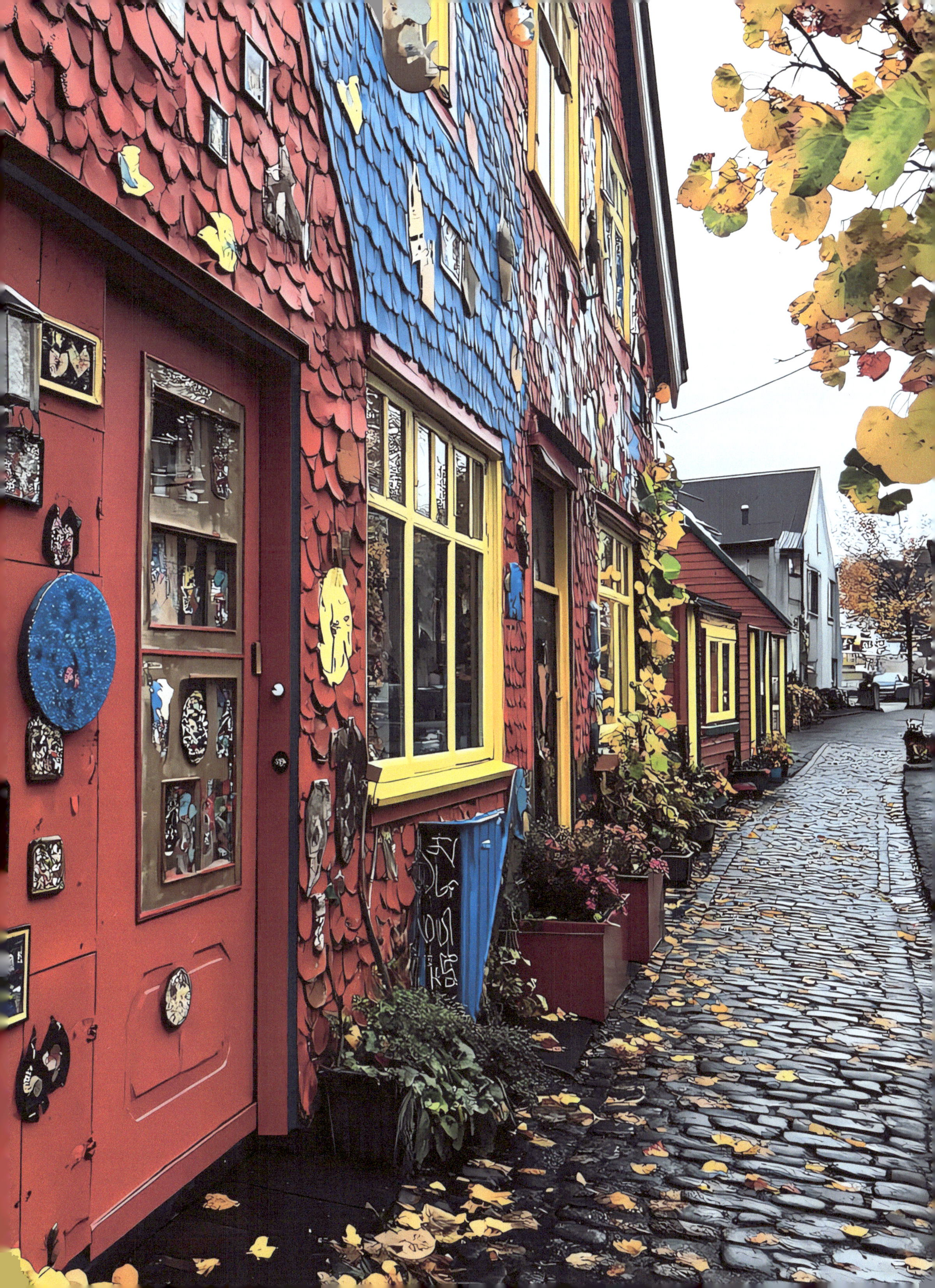

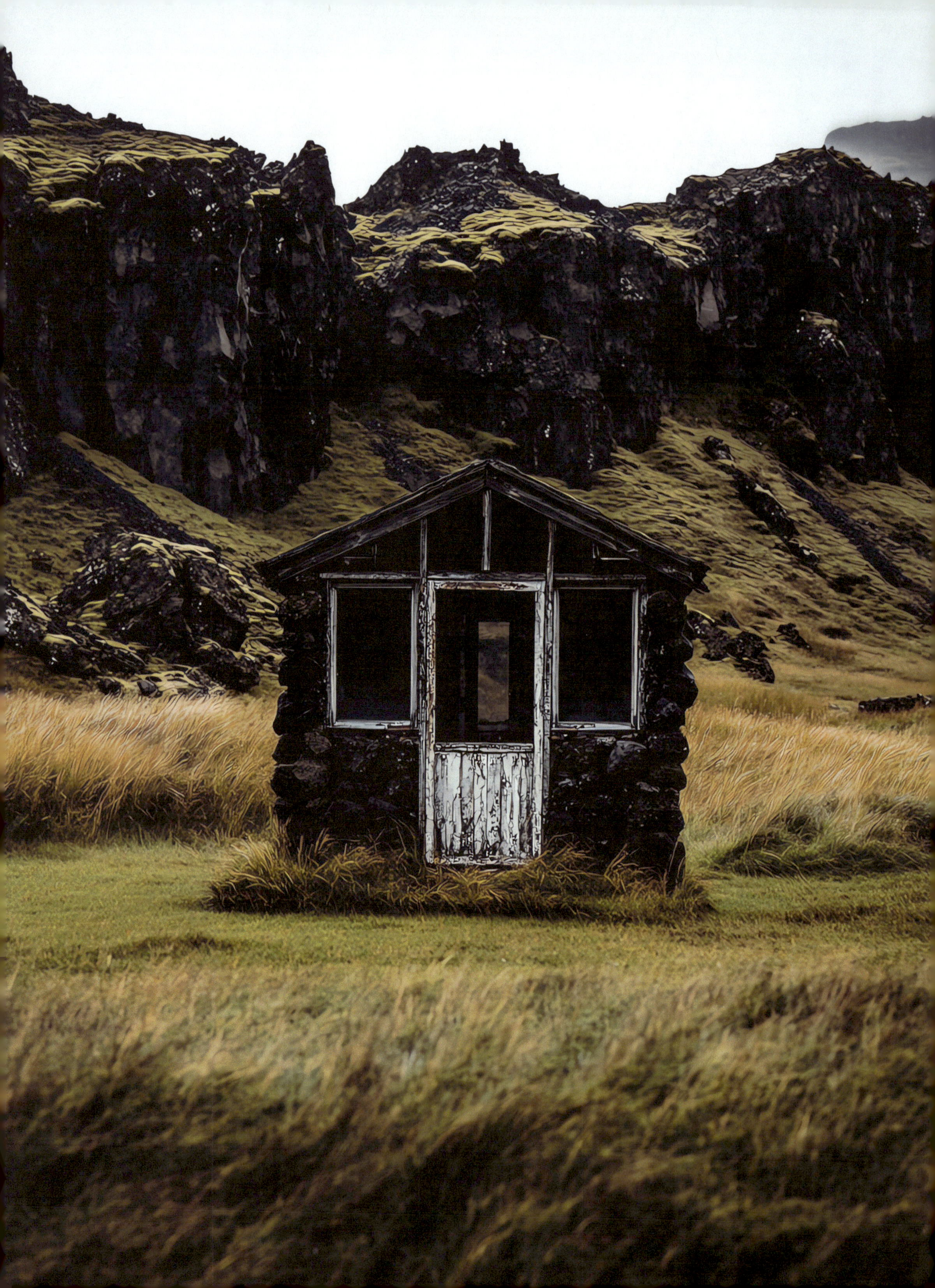

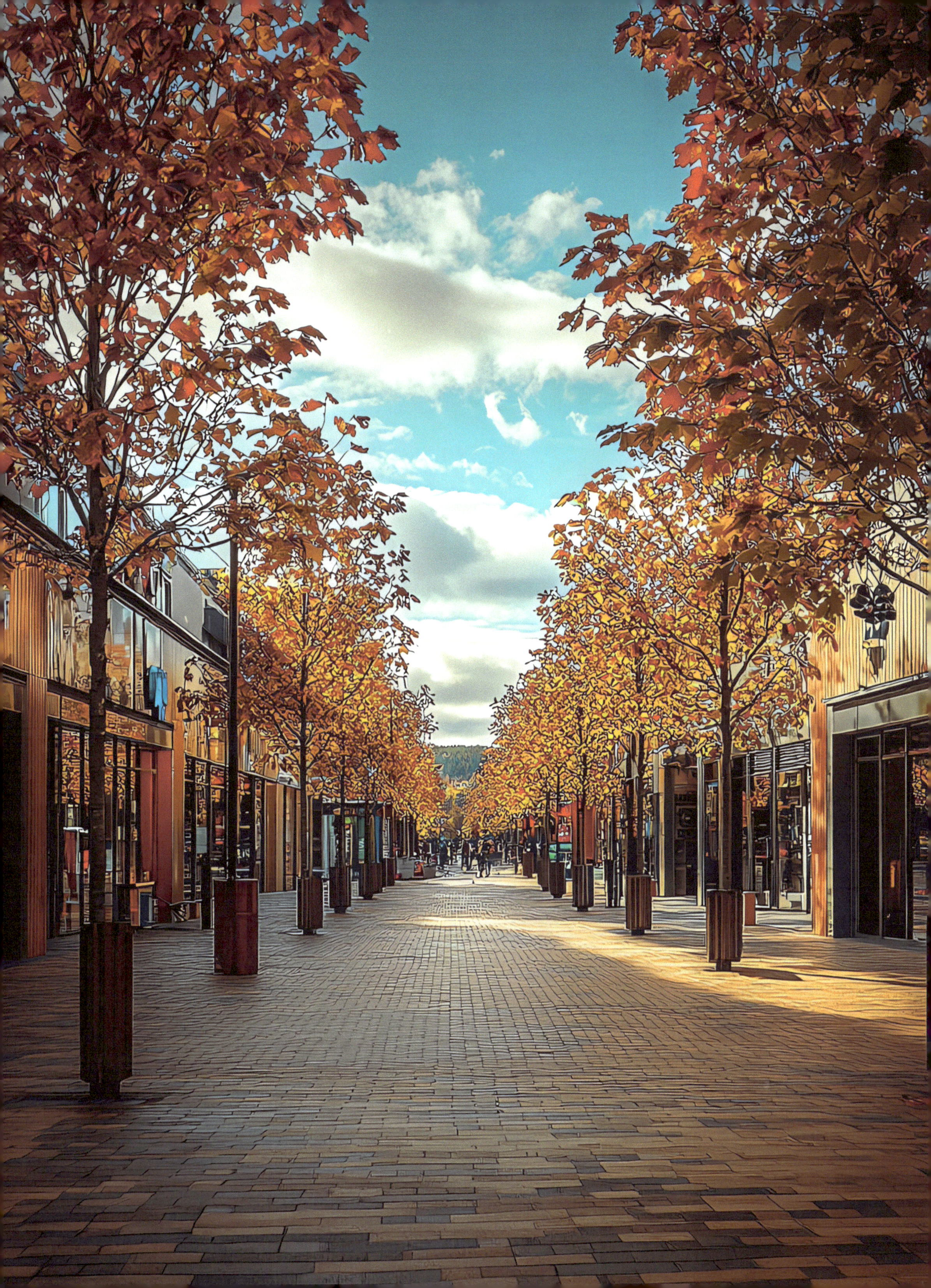

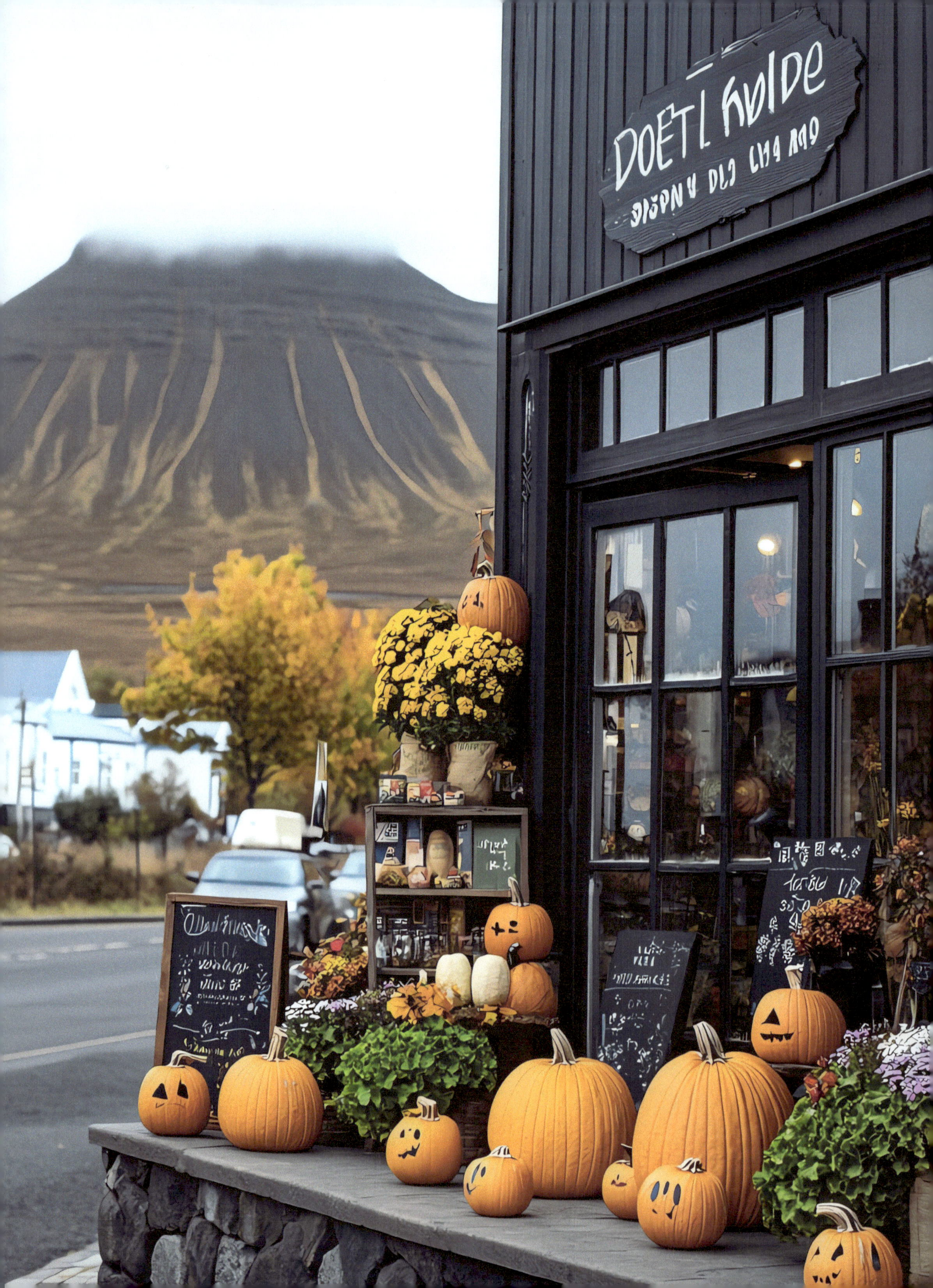

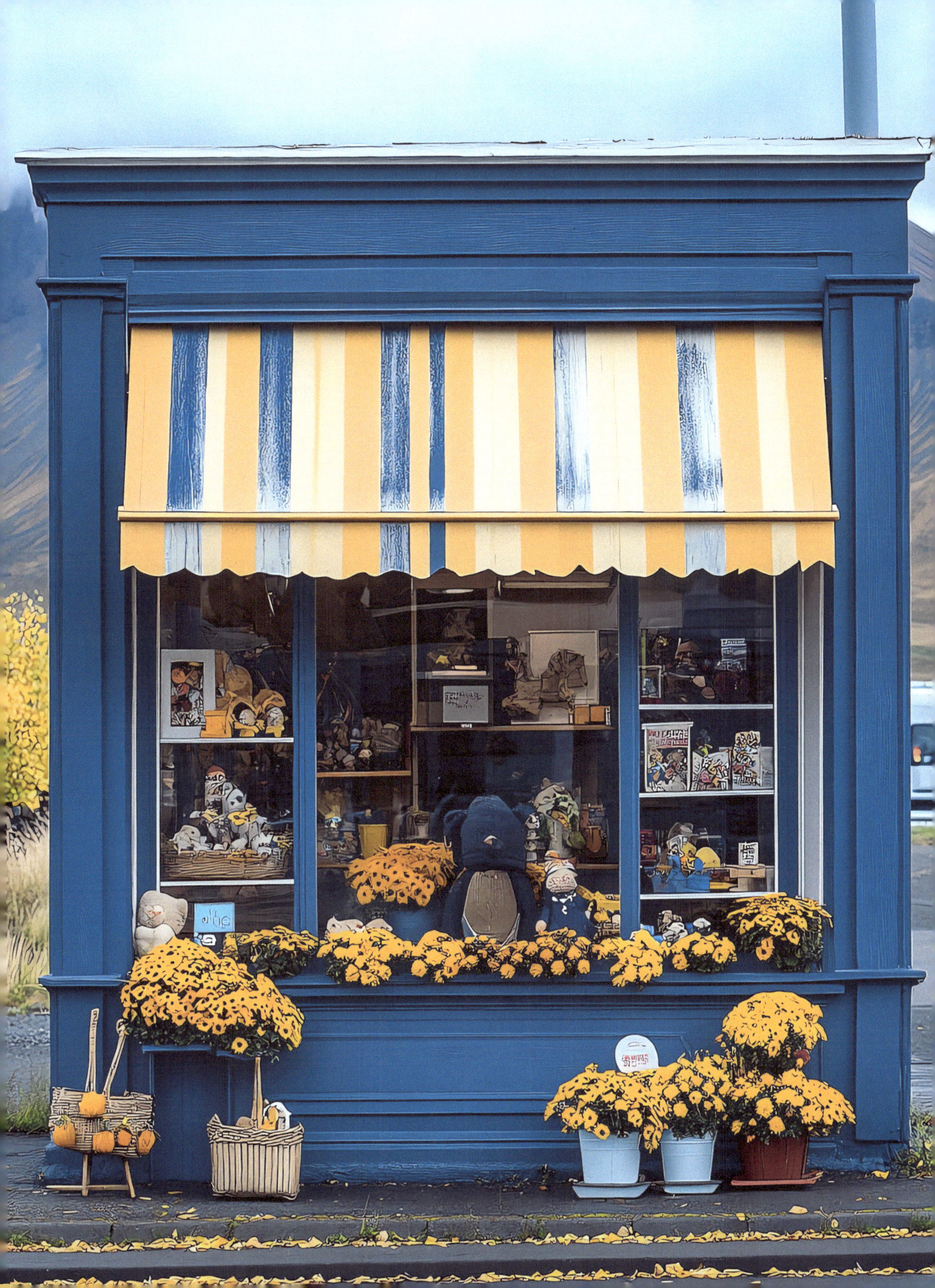

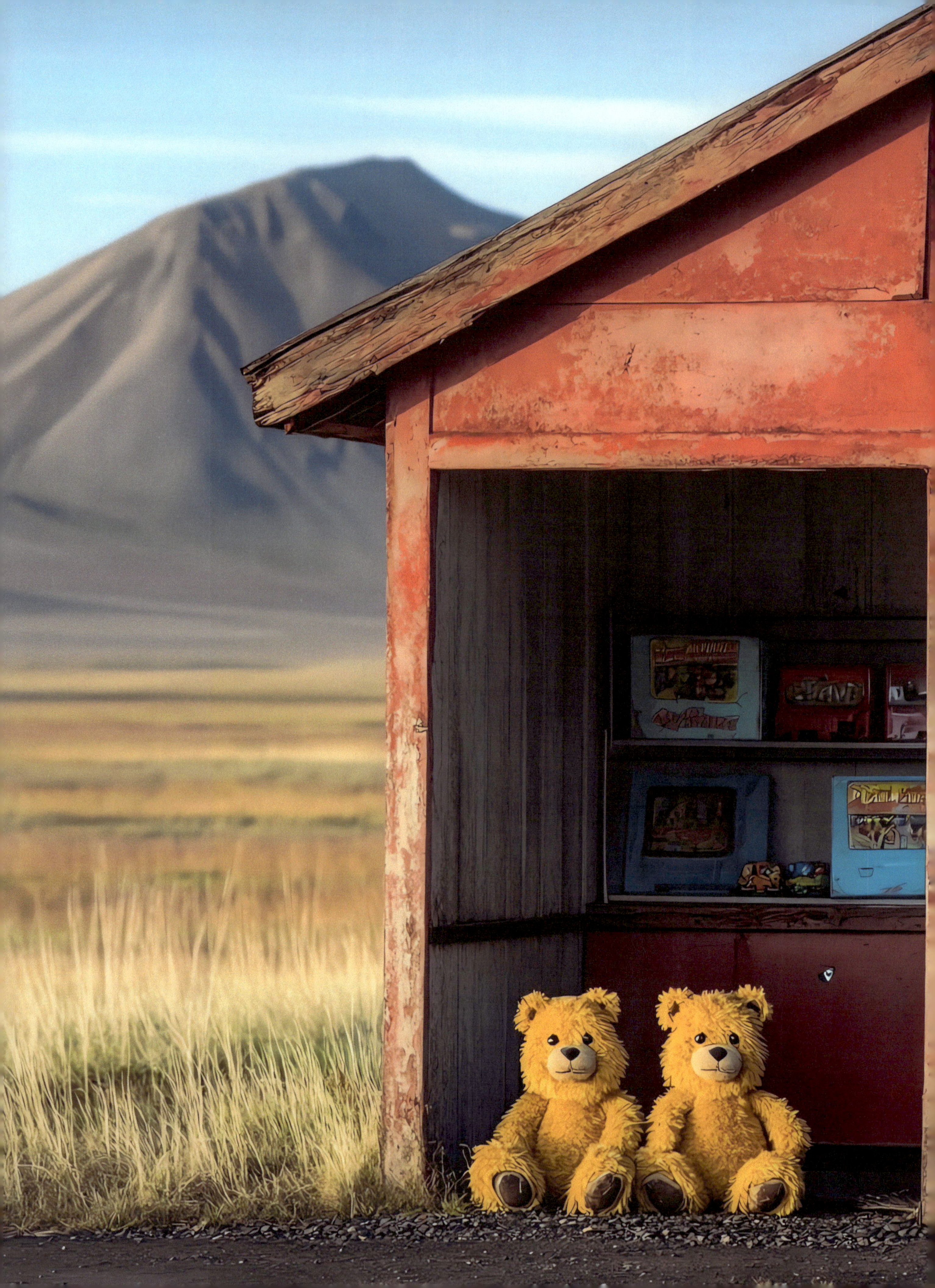

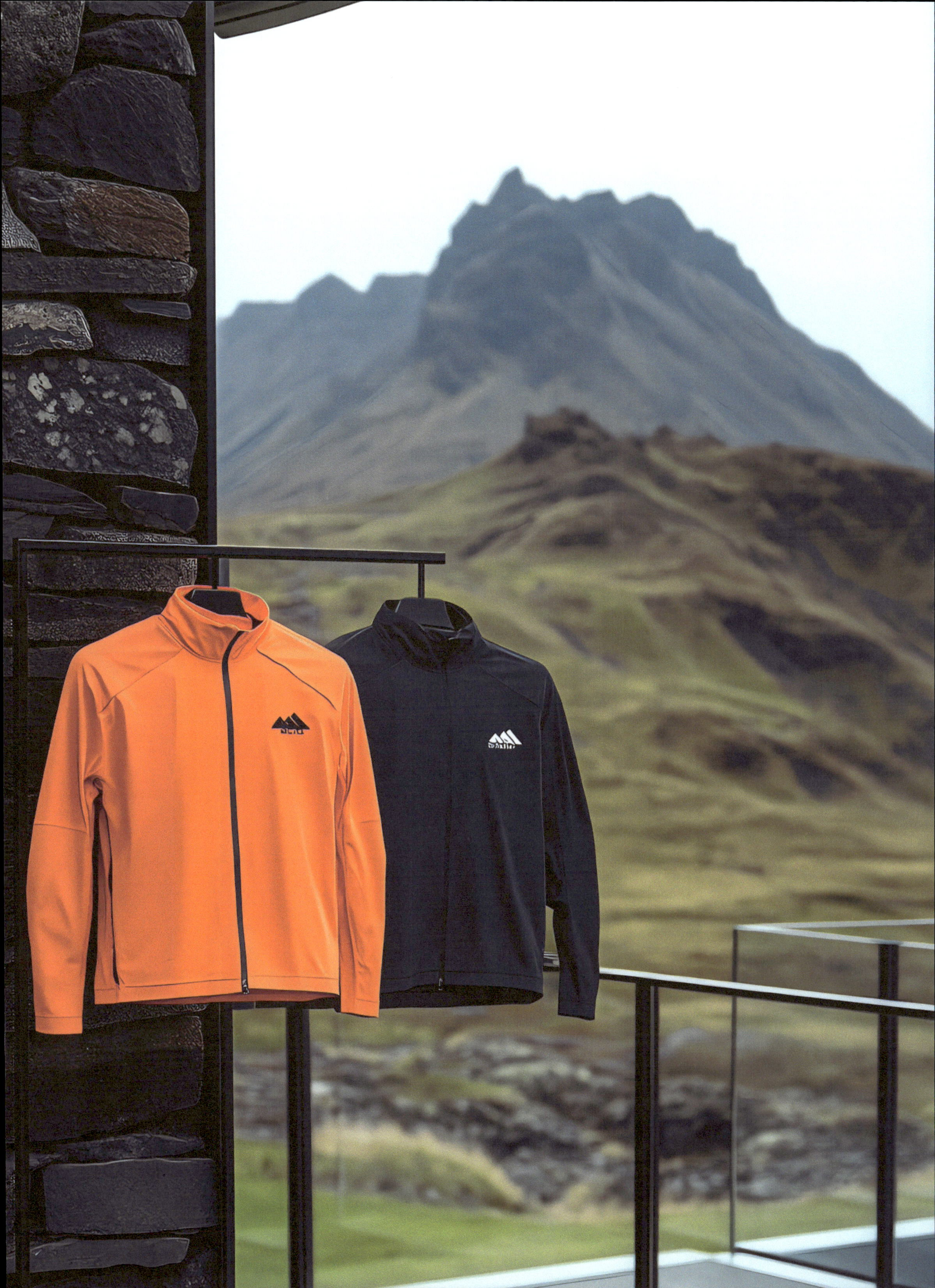

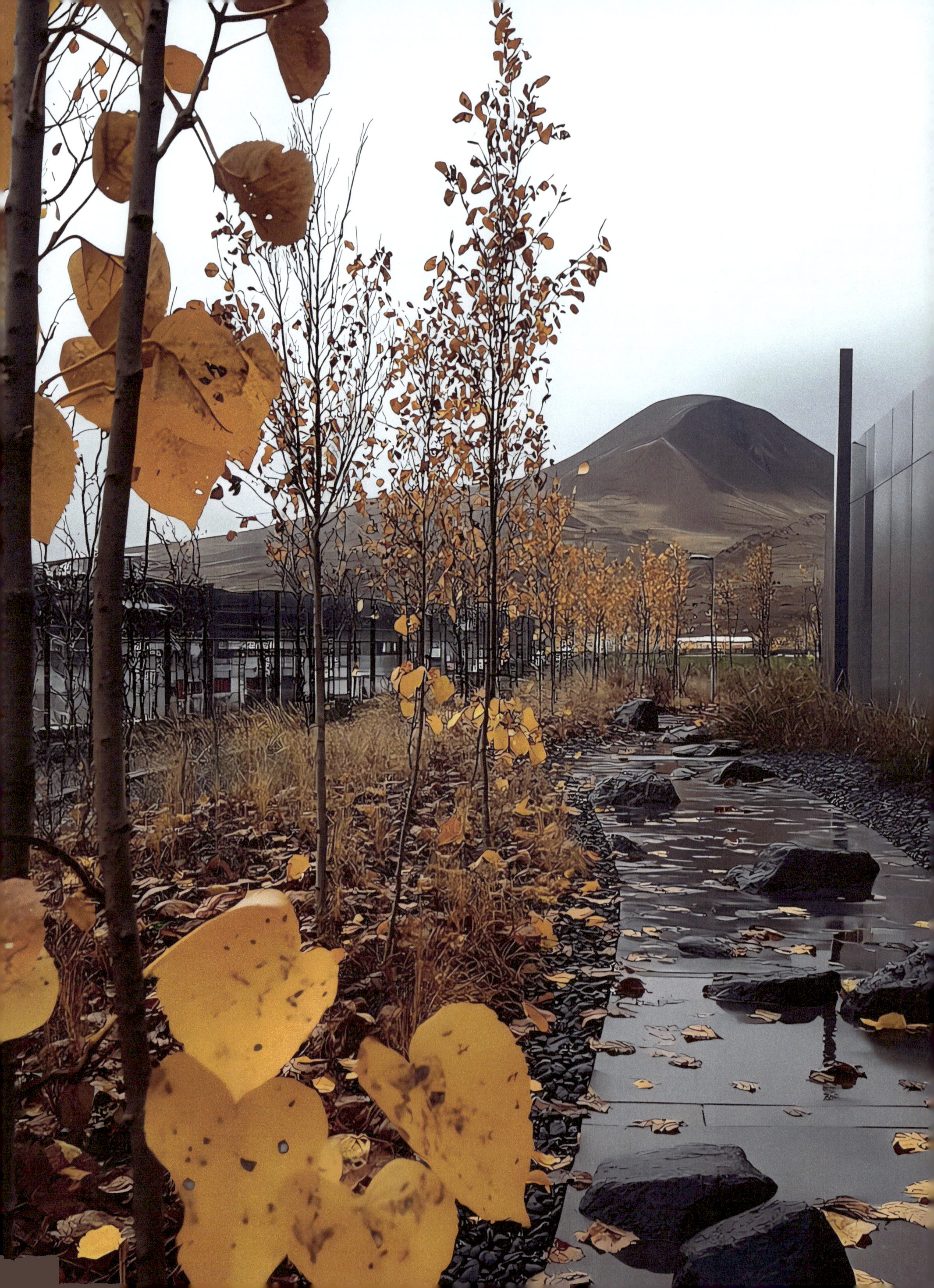

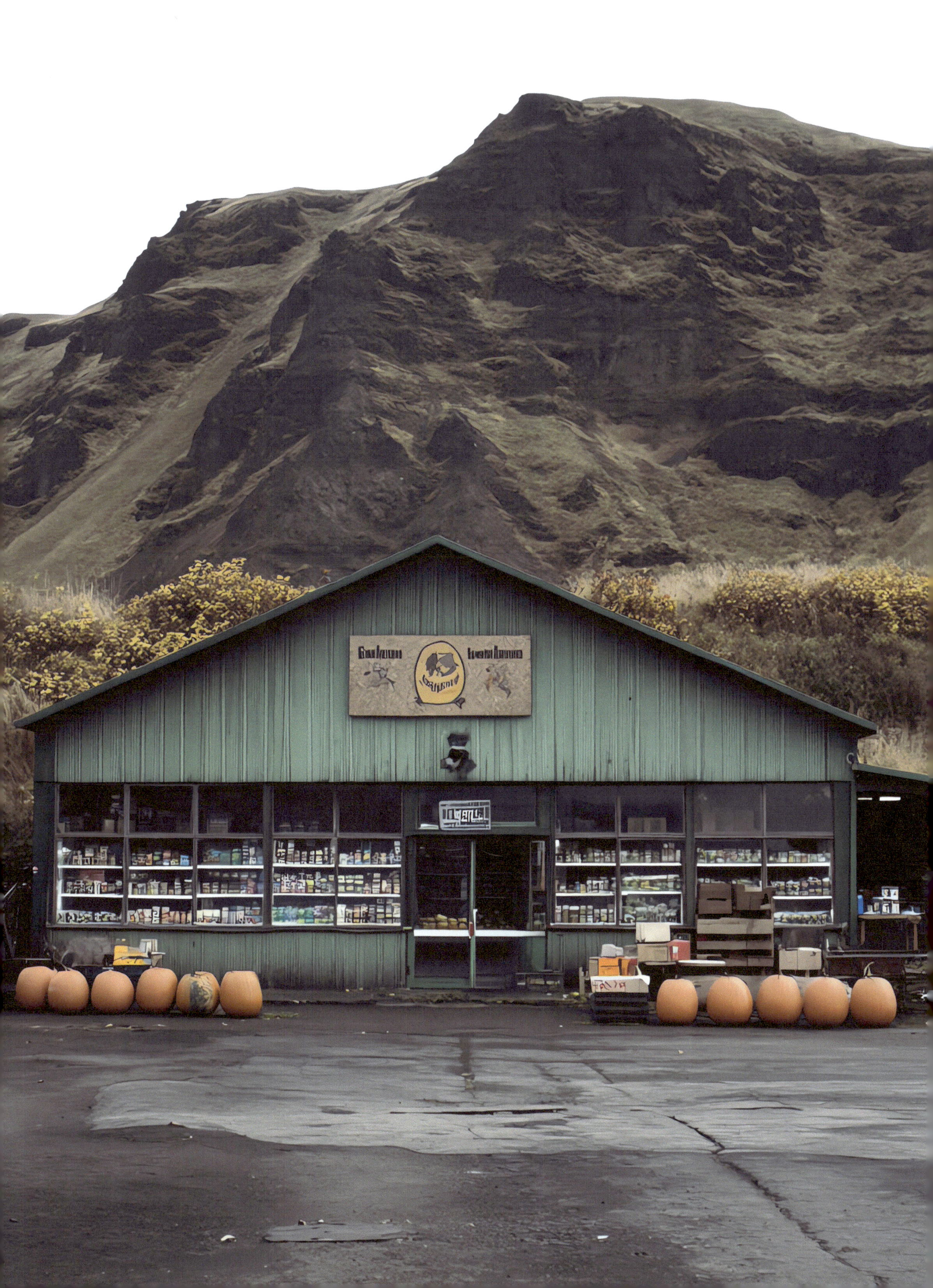

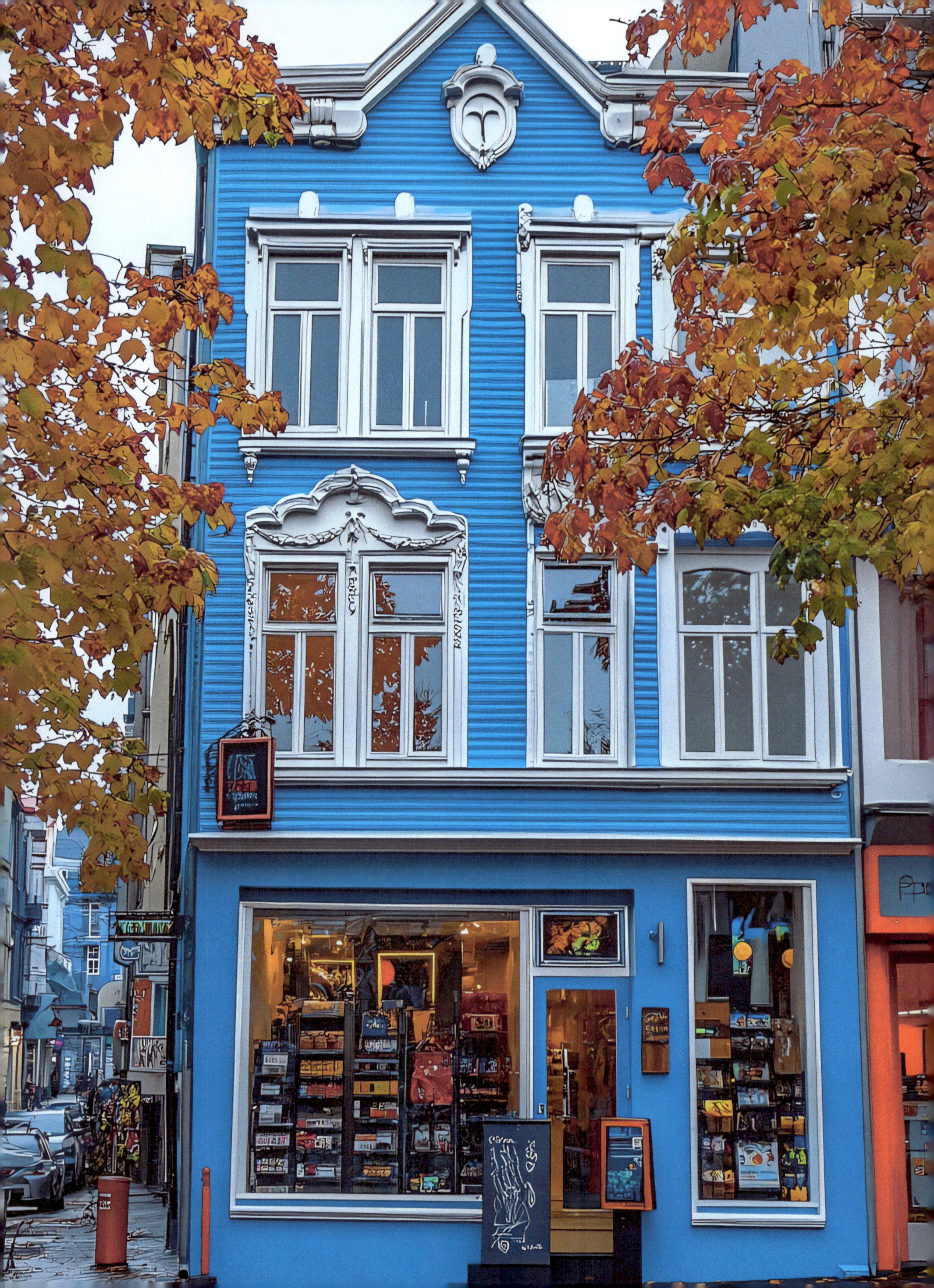

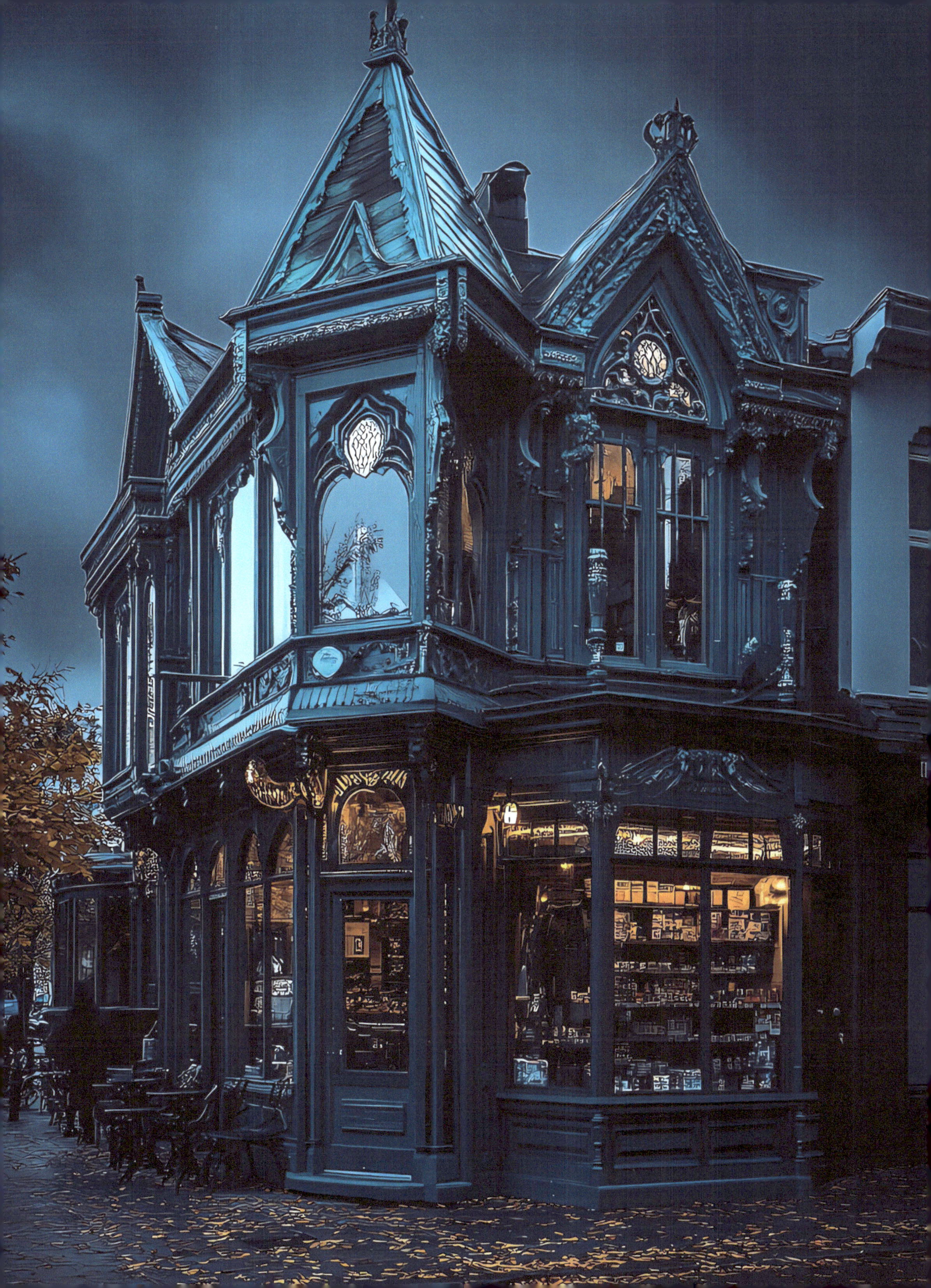

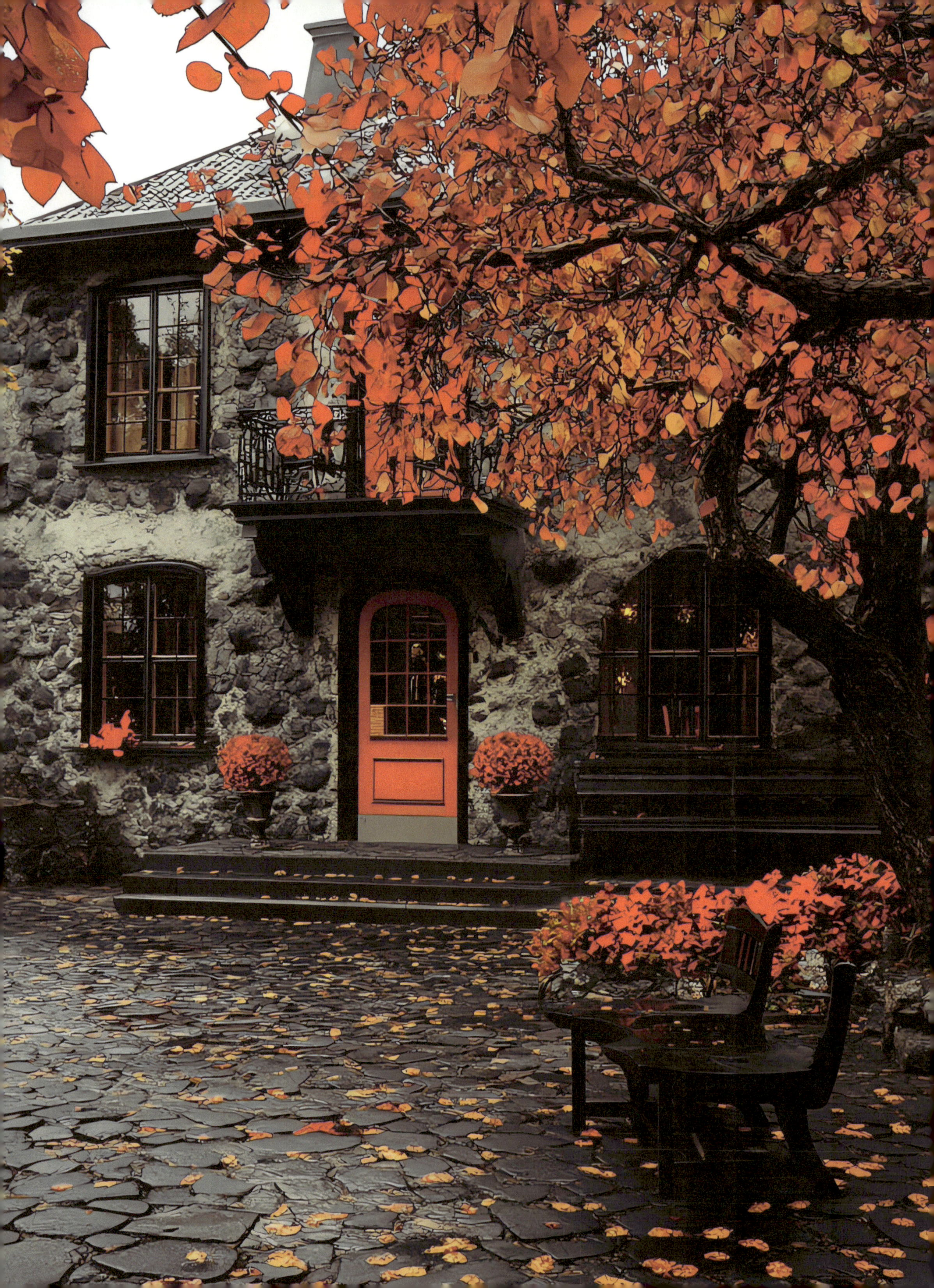

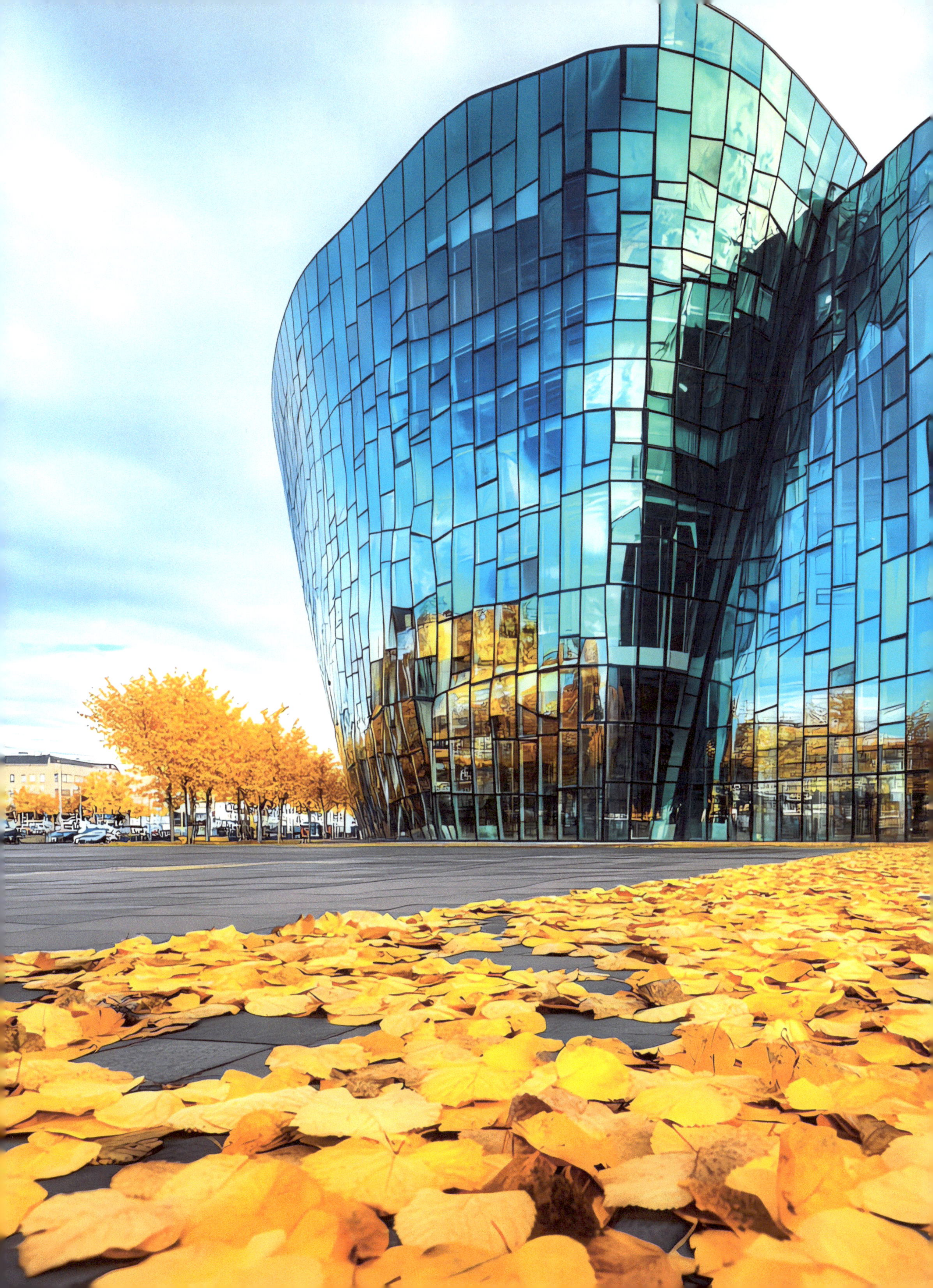

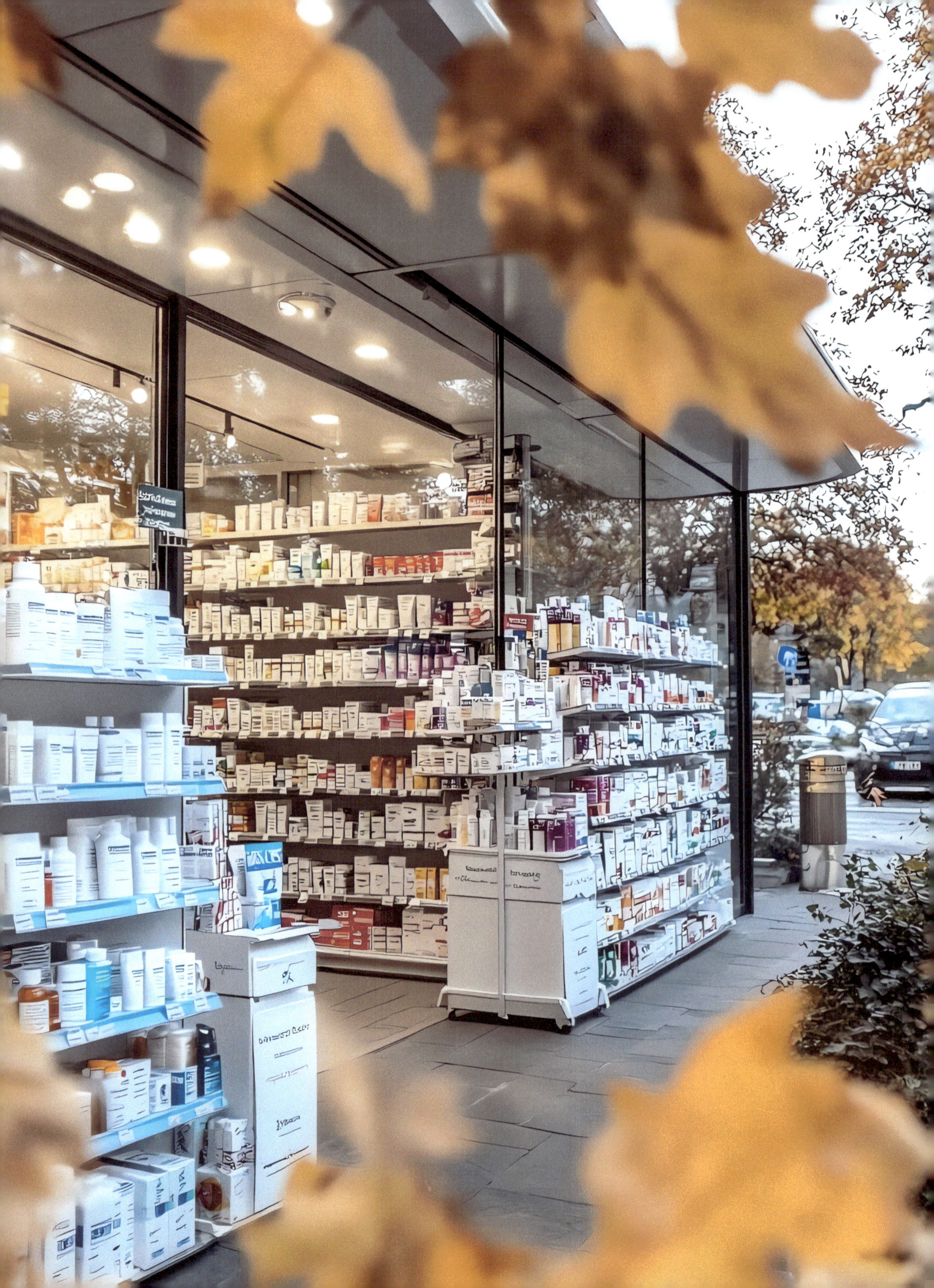

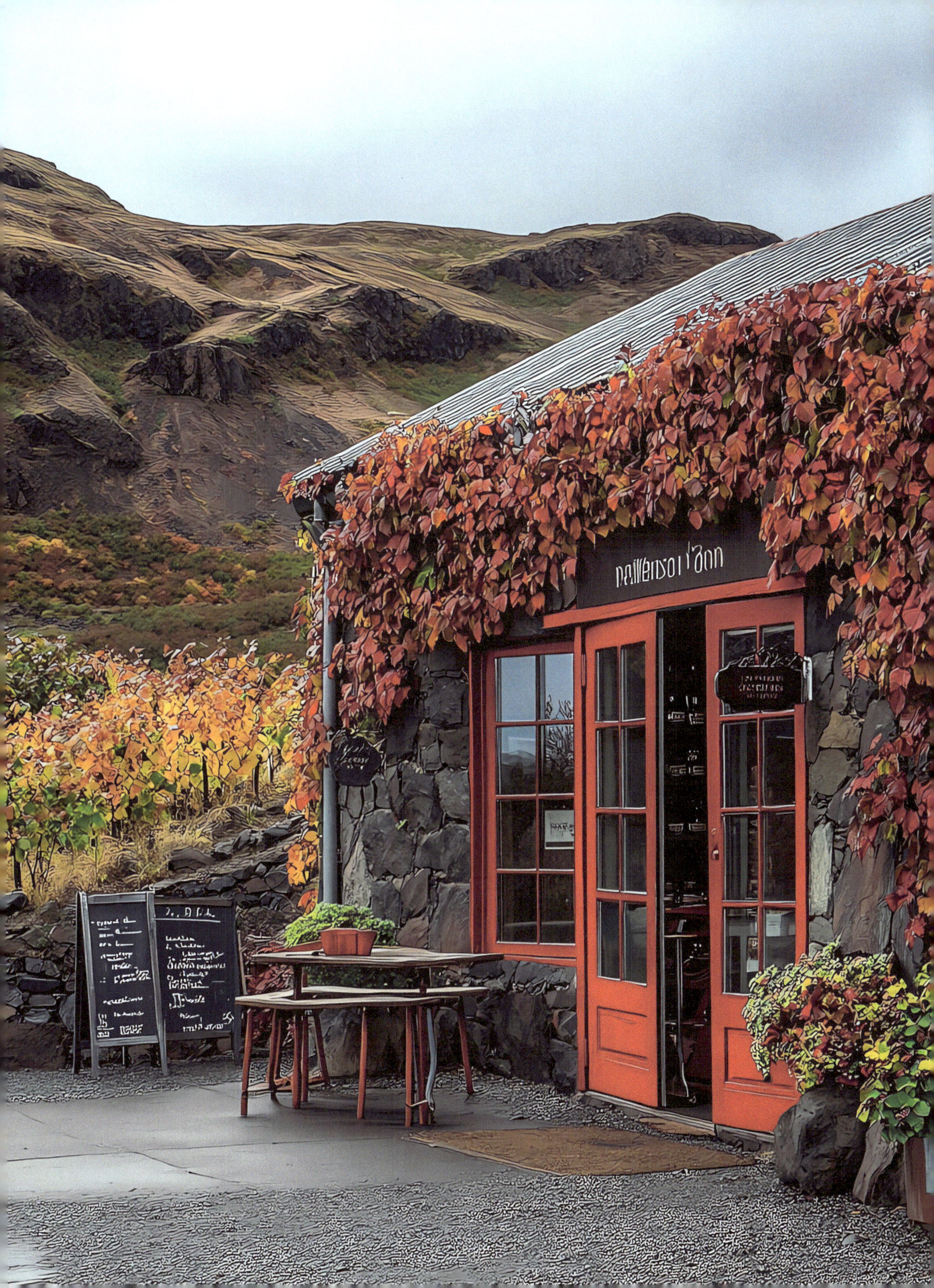

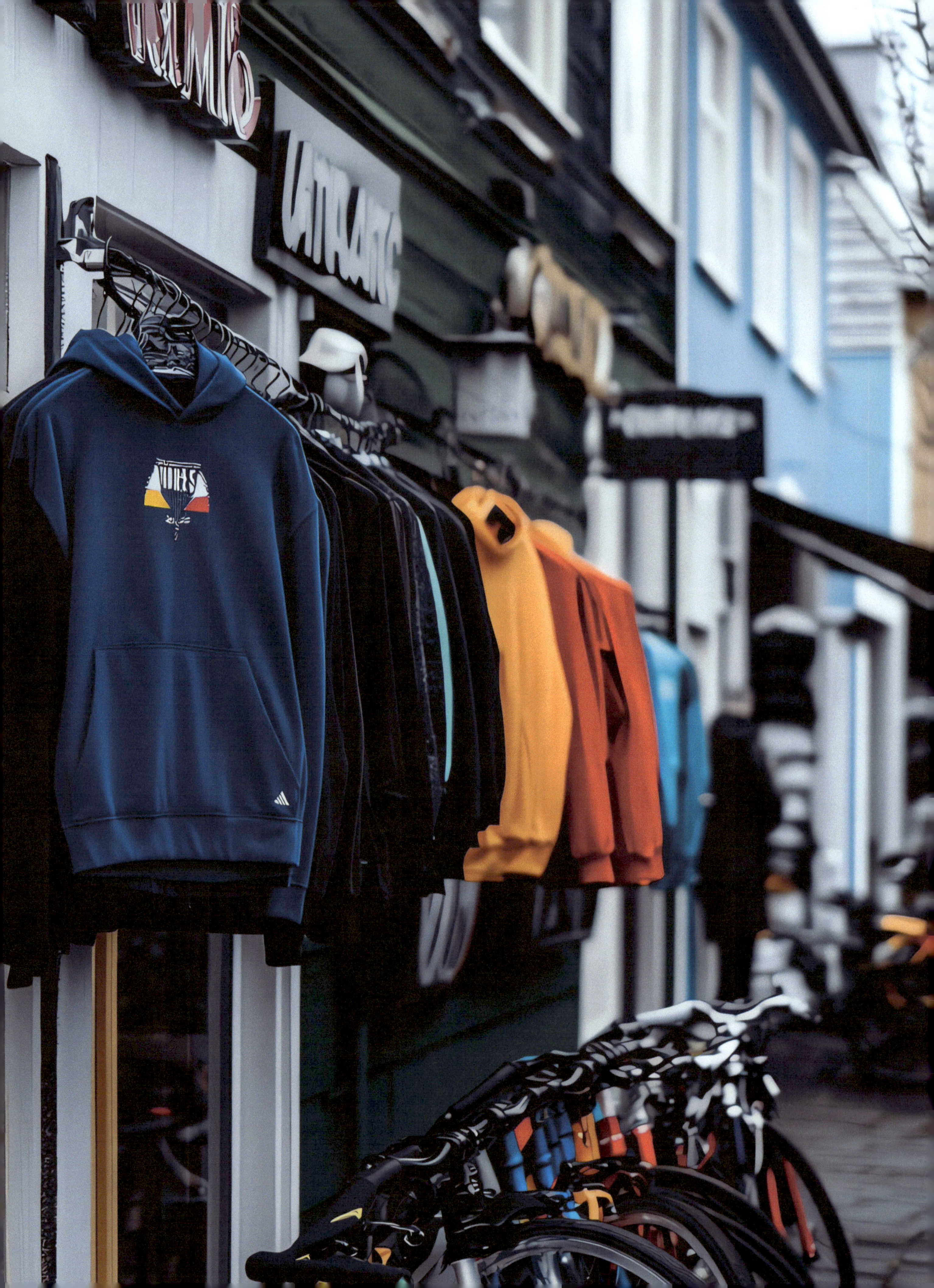

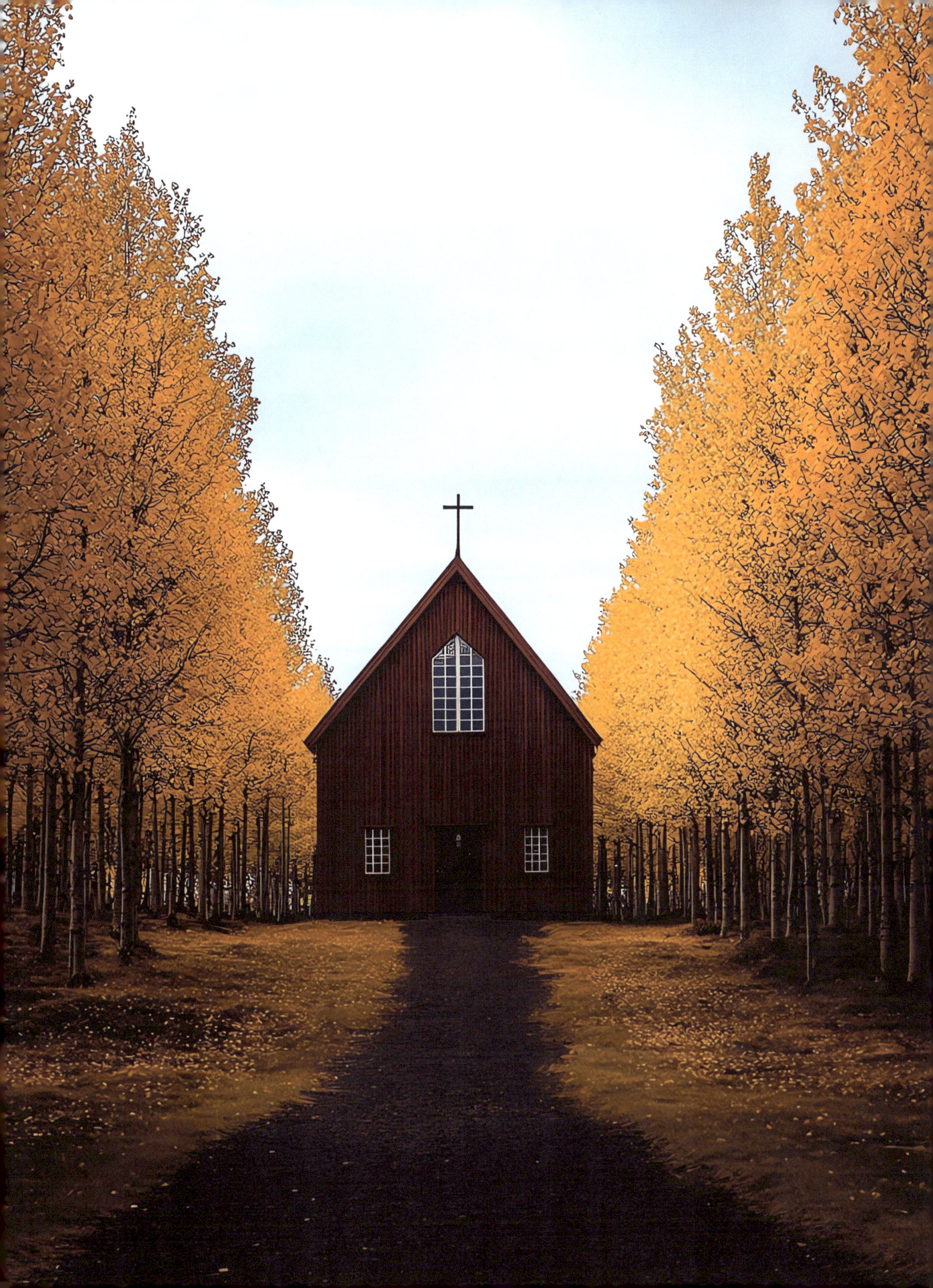

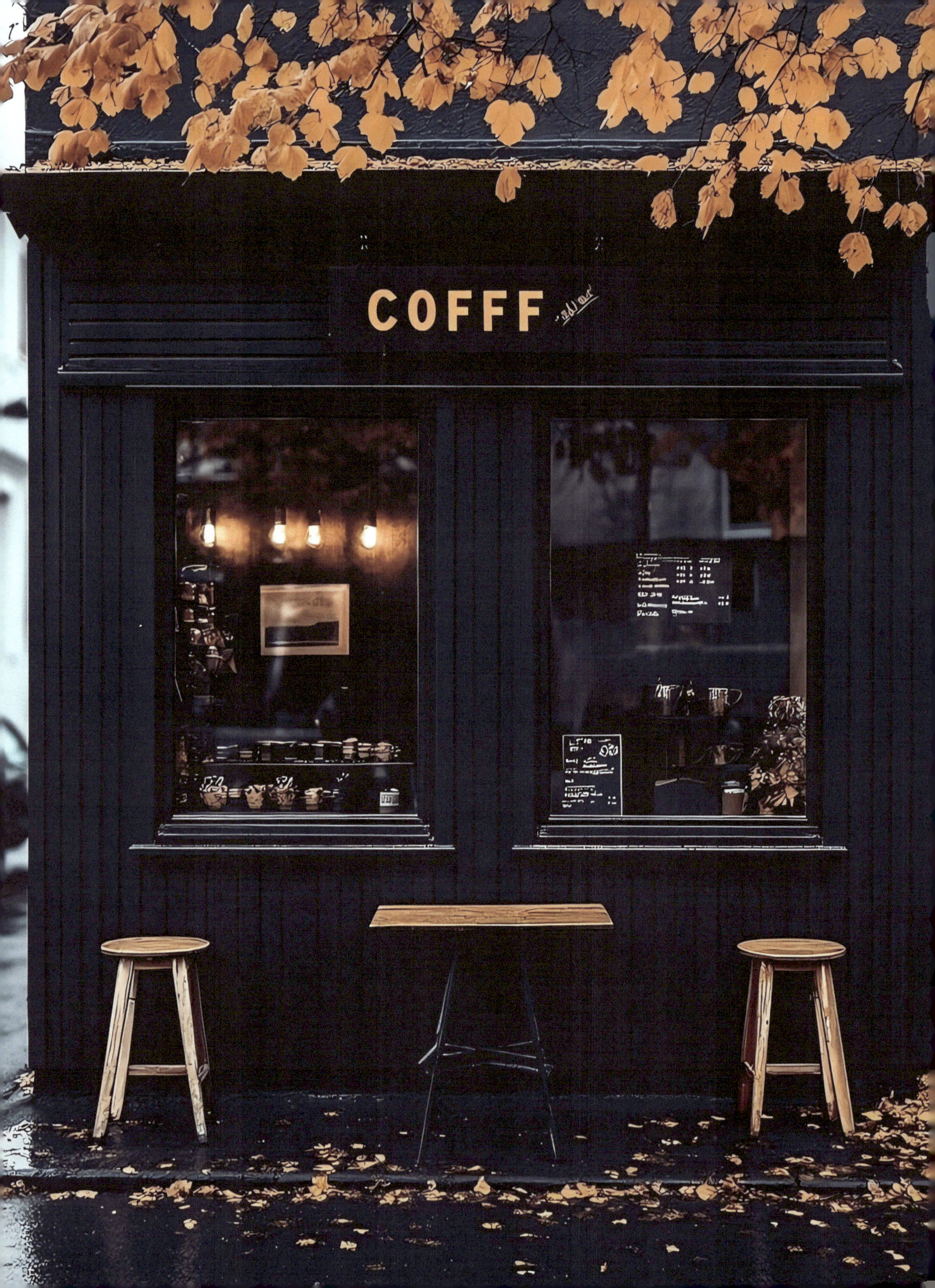
COFFF

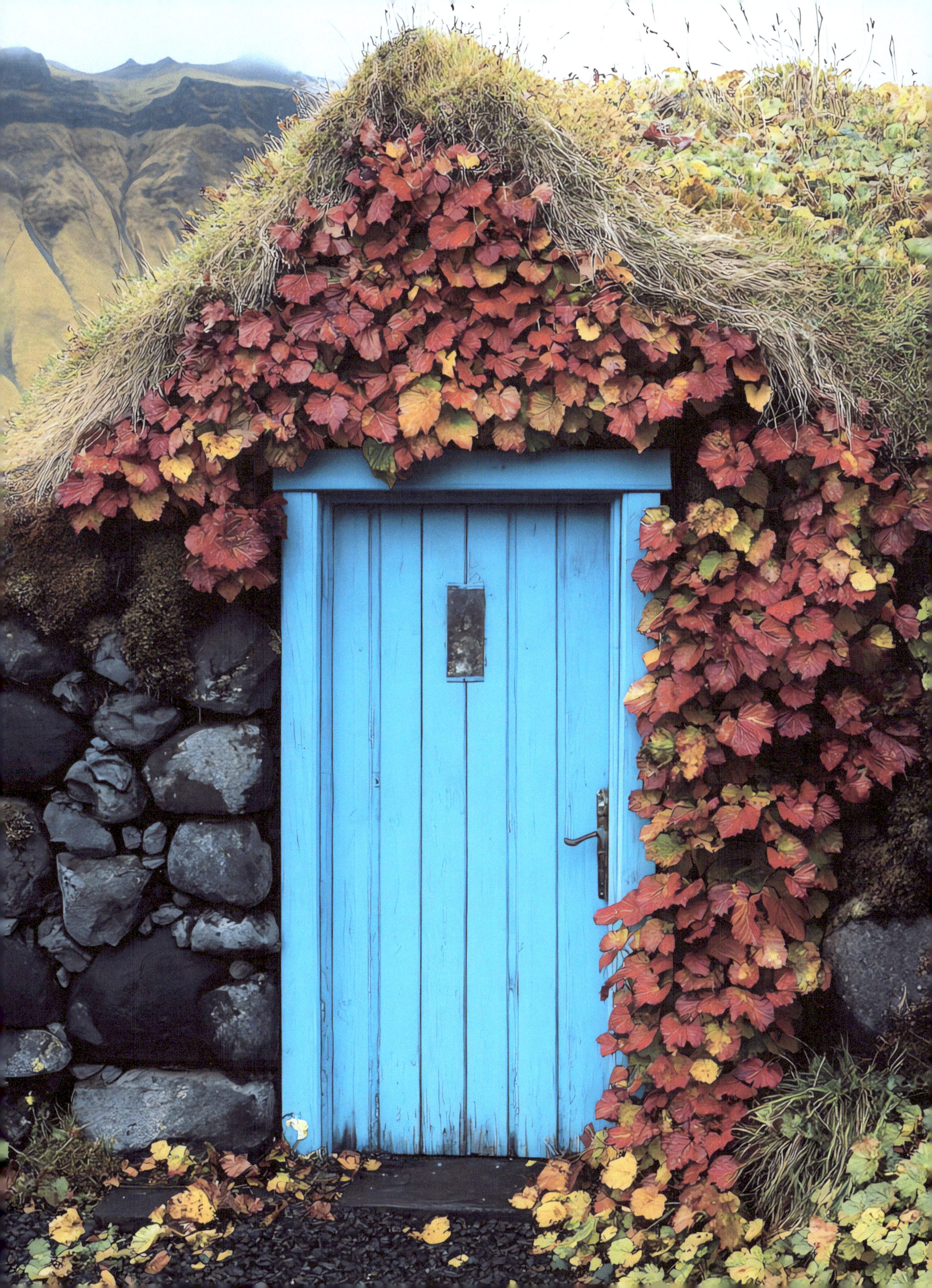

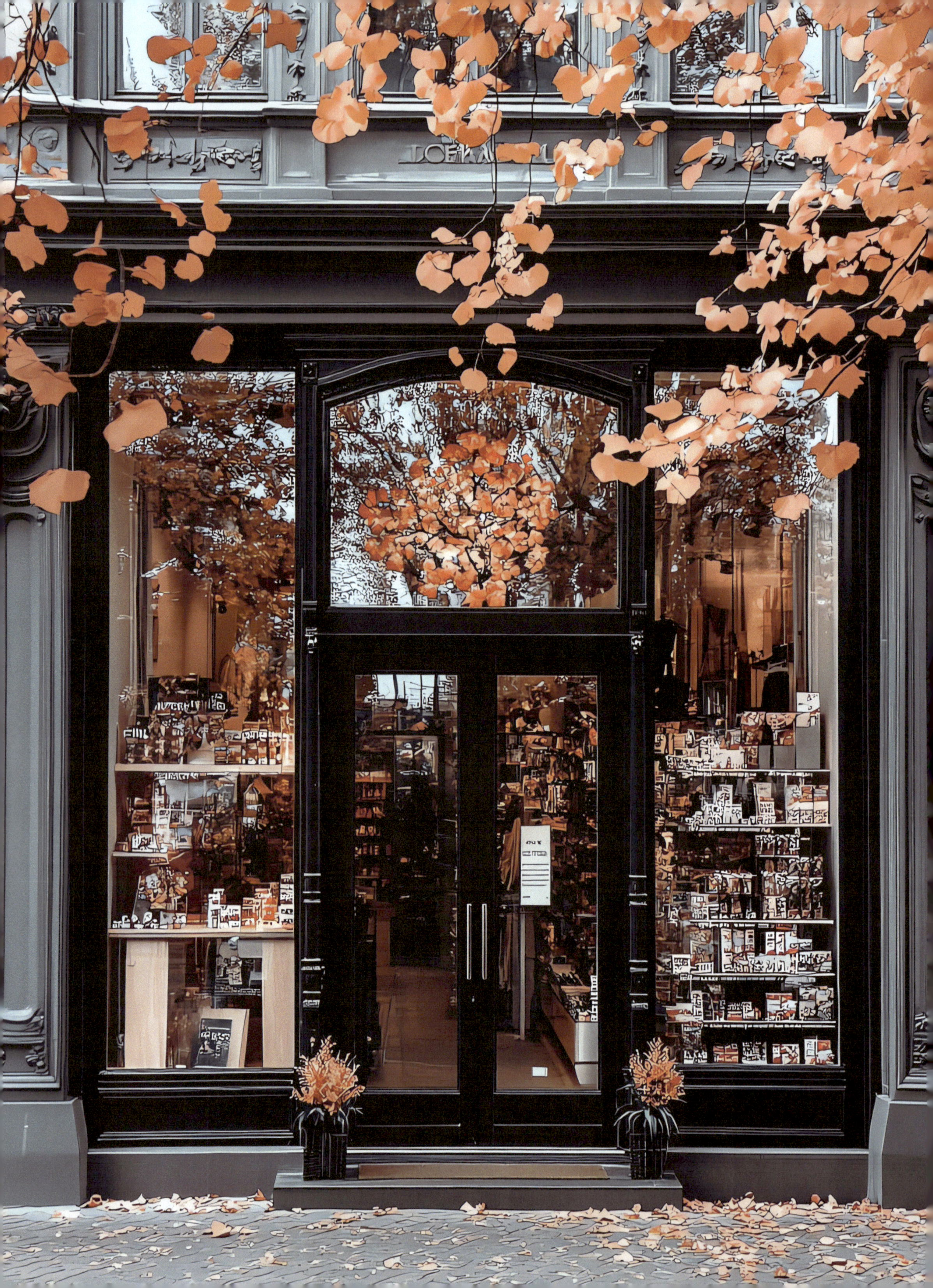

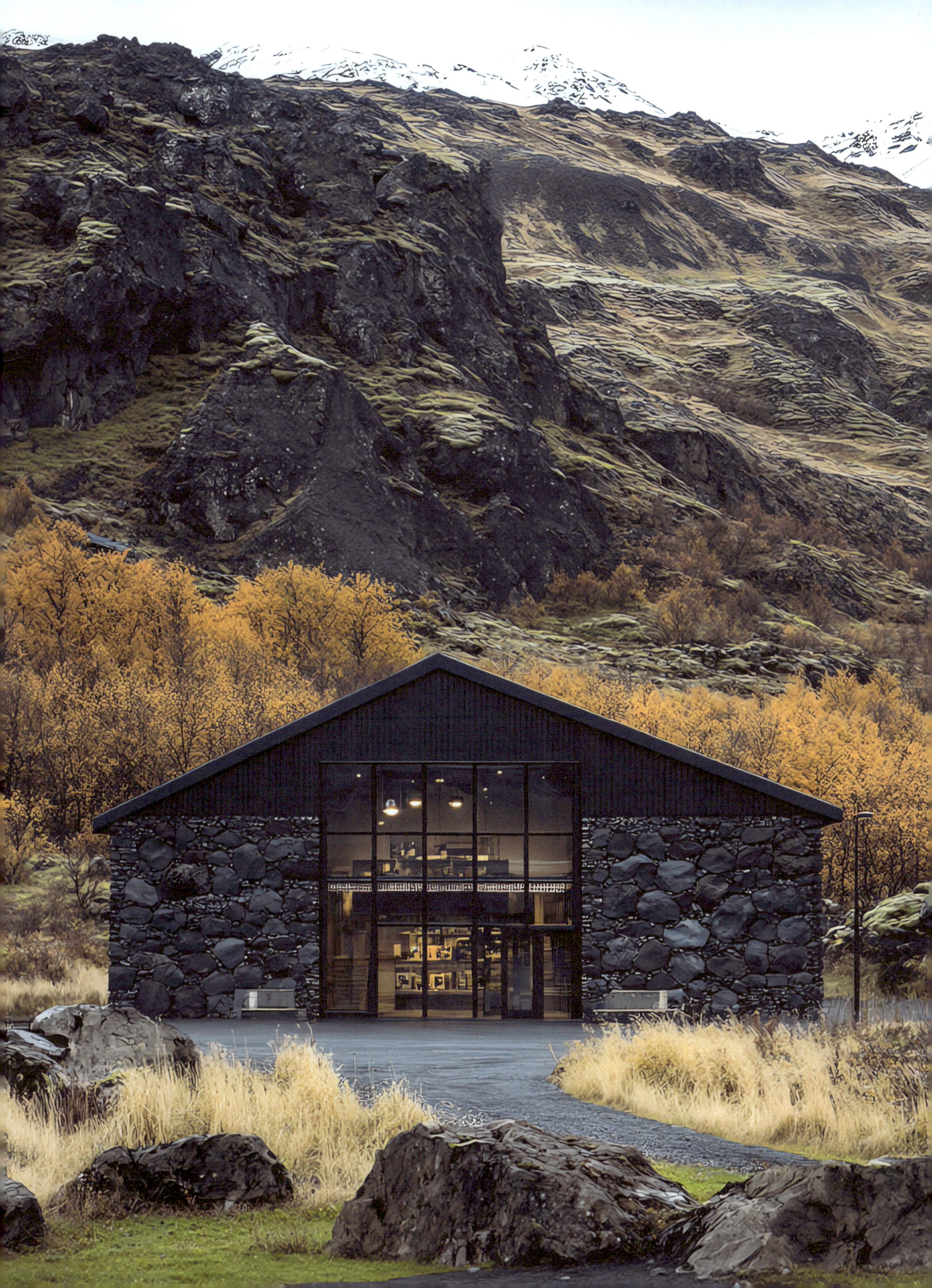

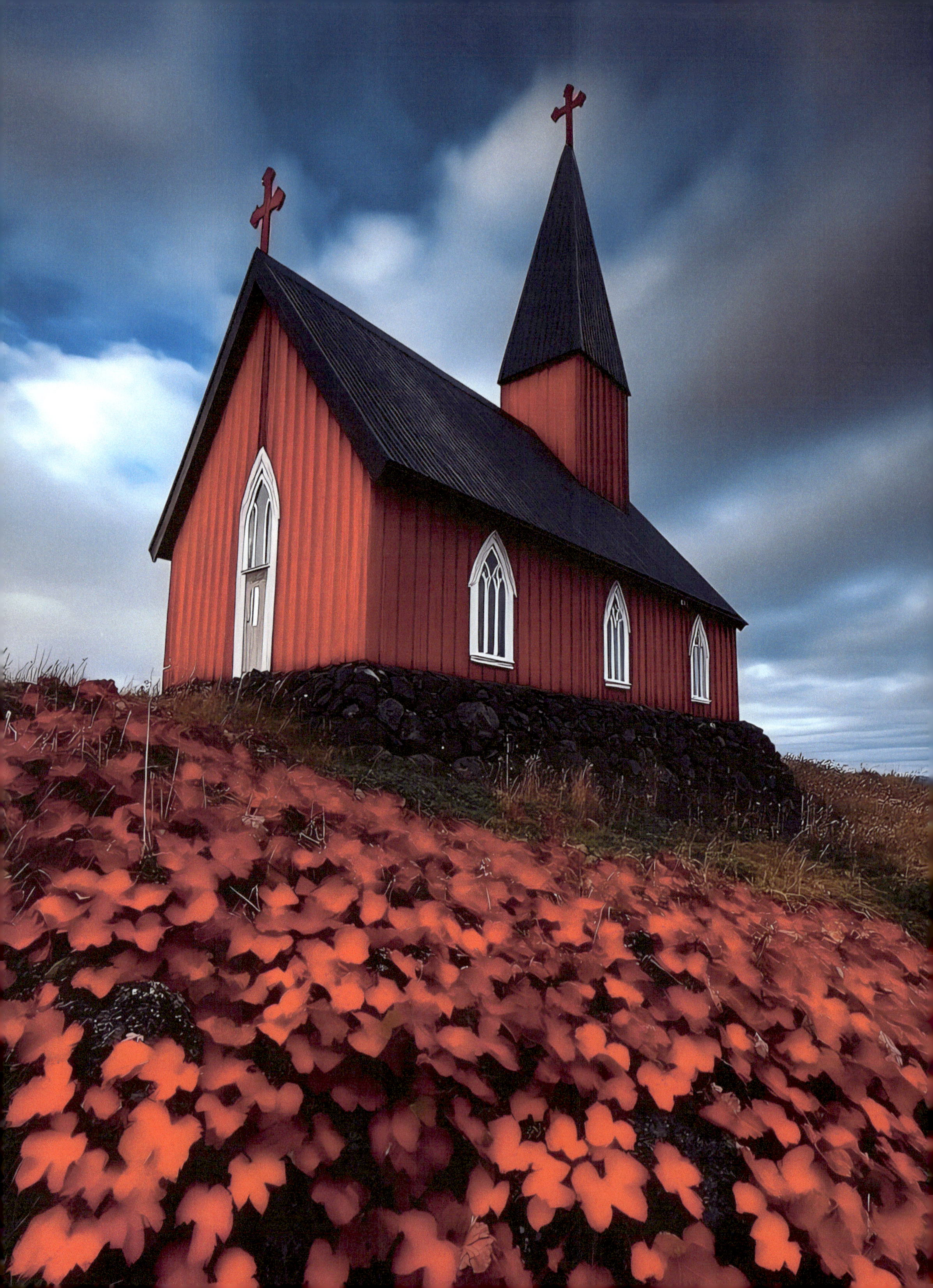

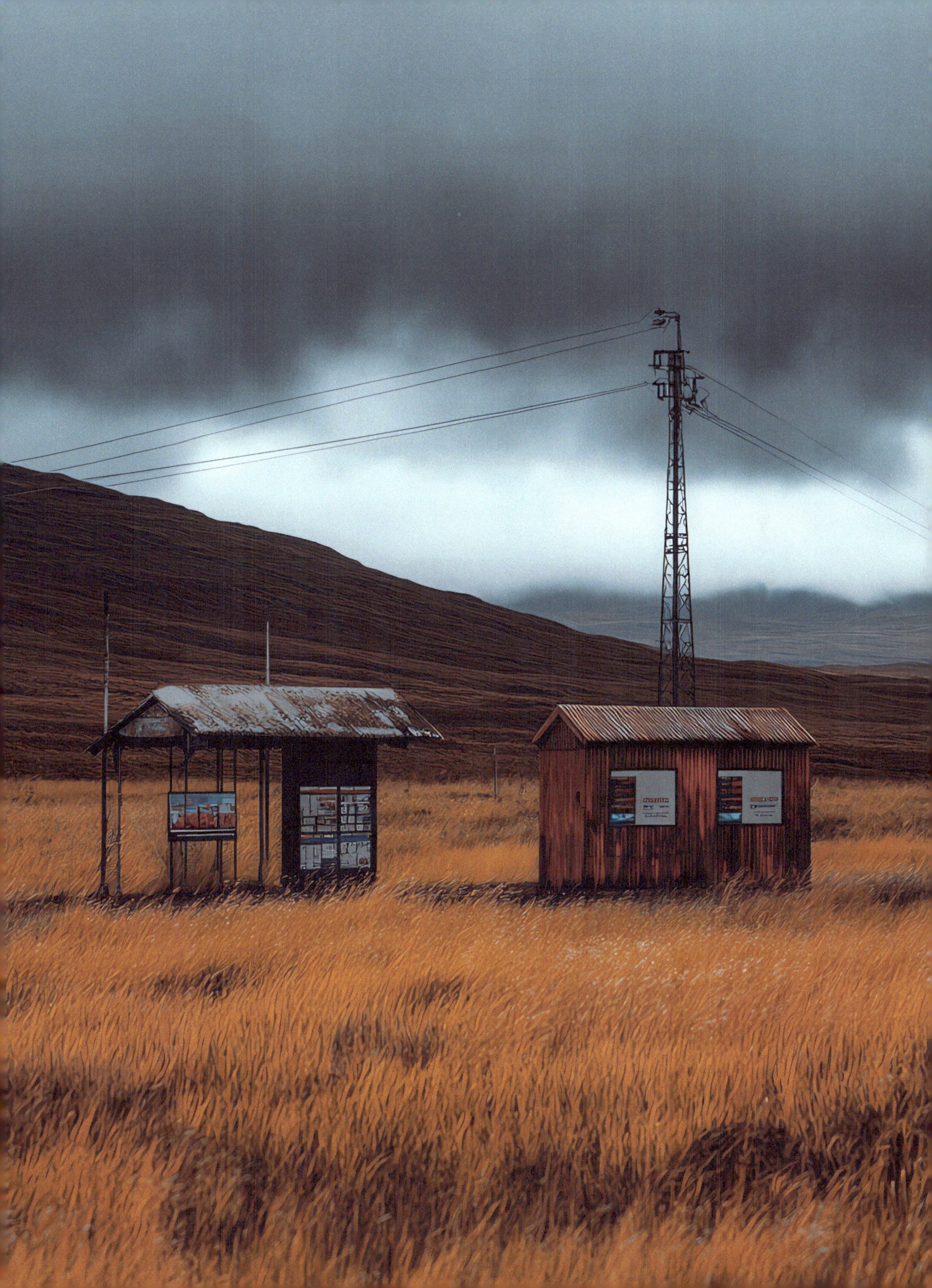

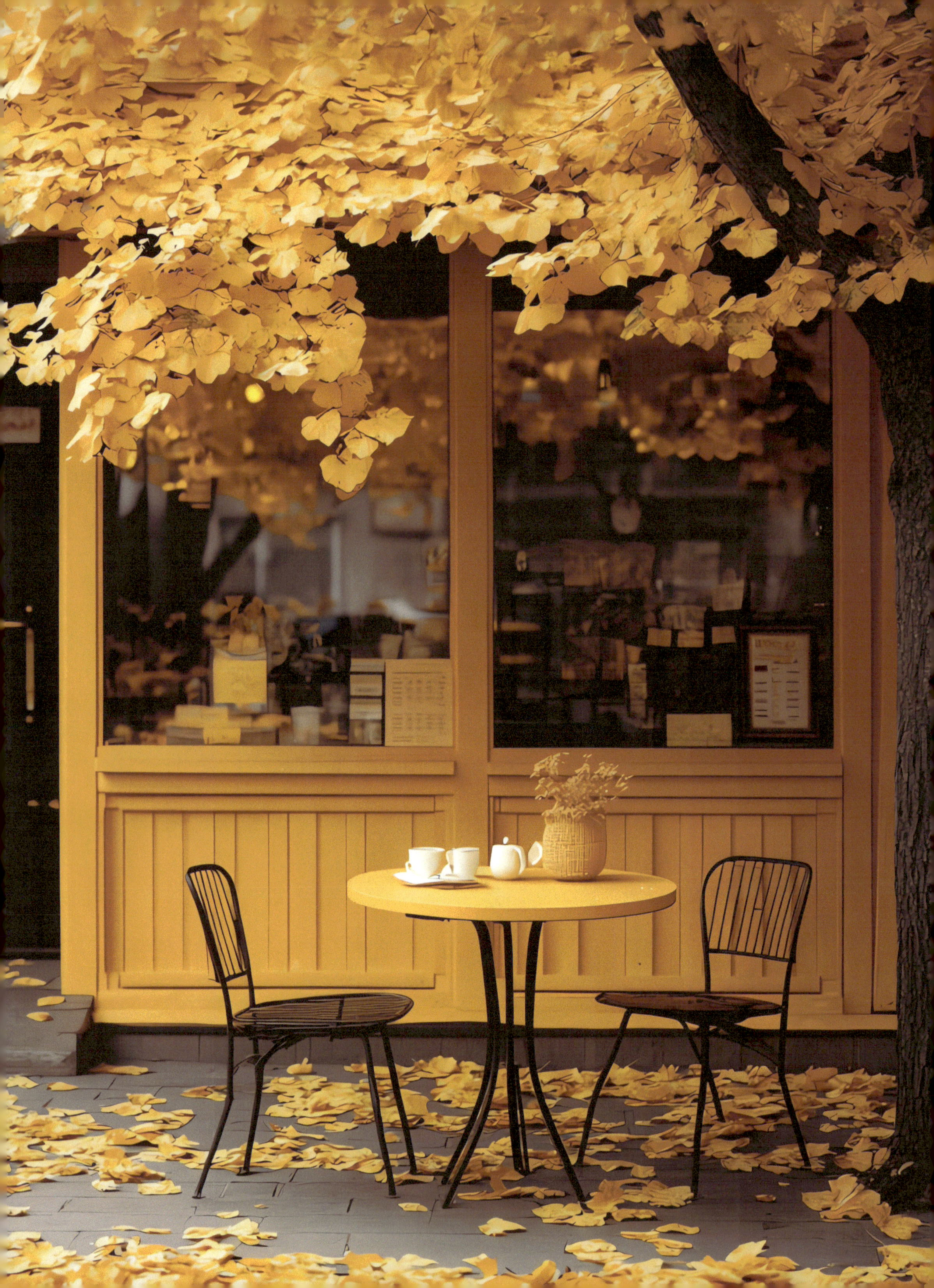

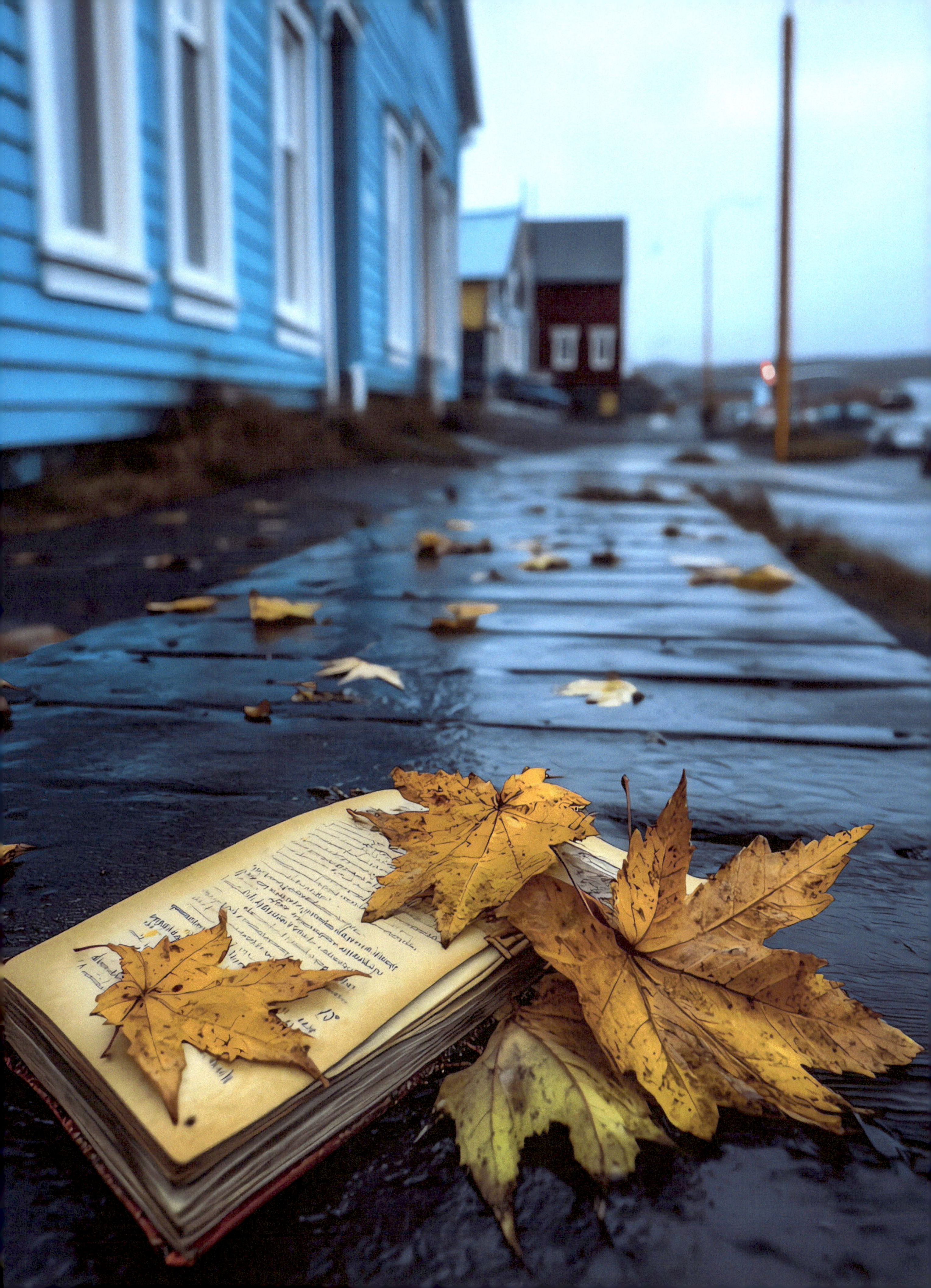

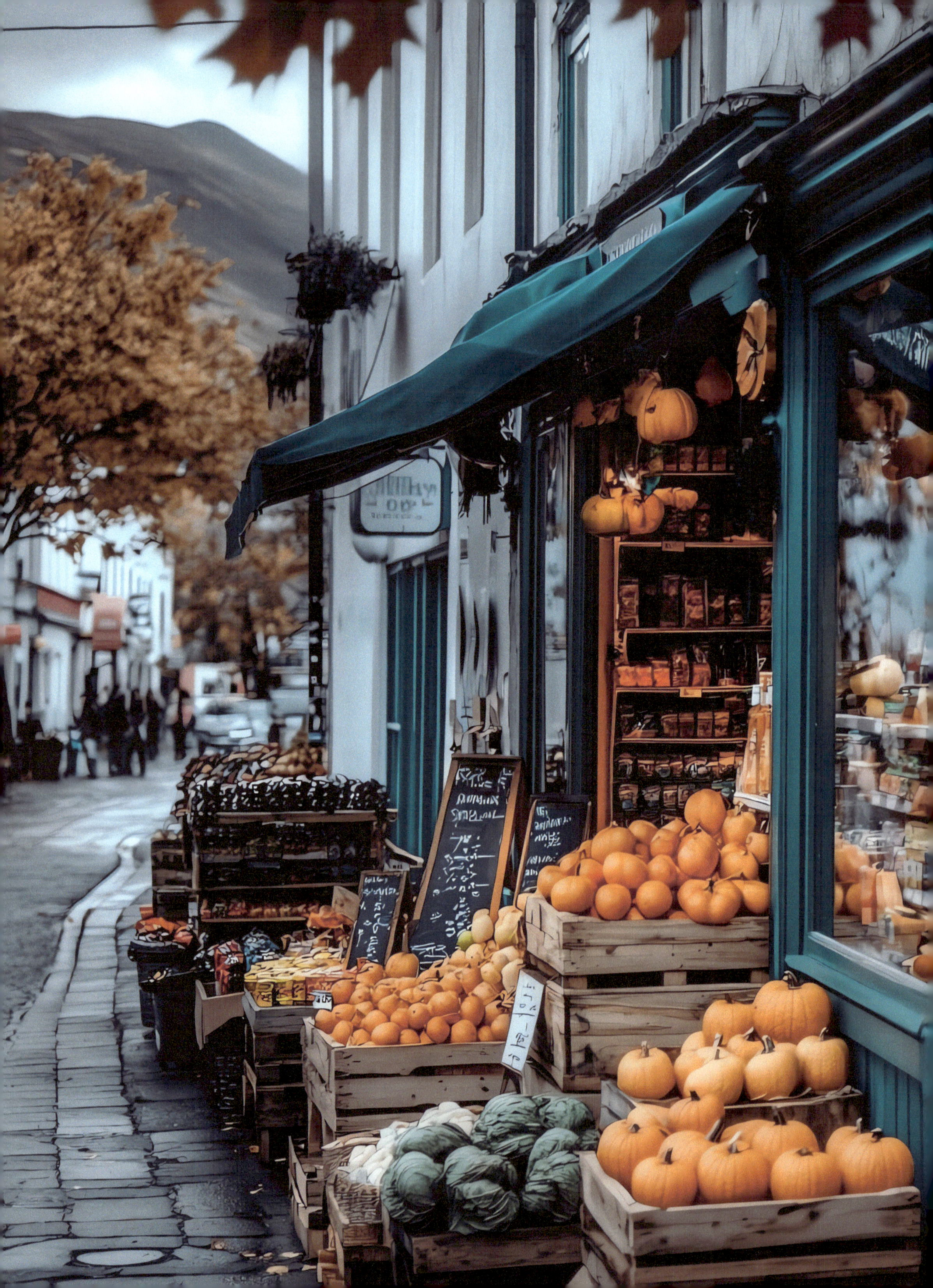

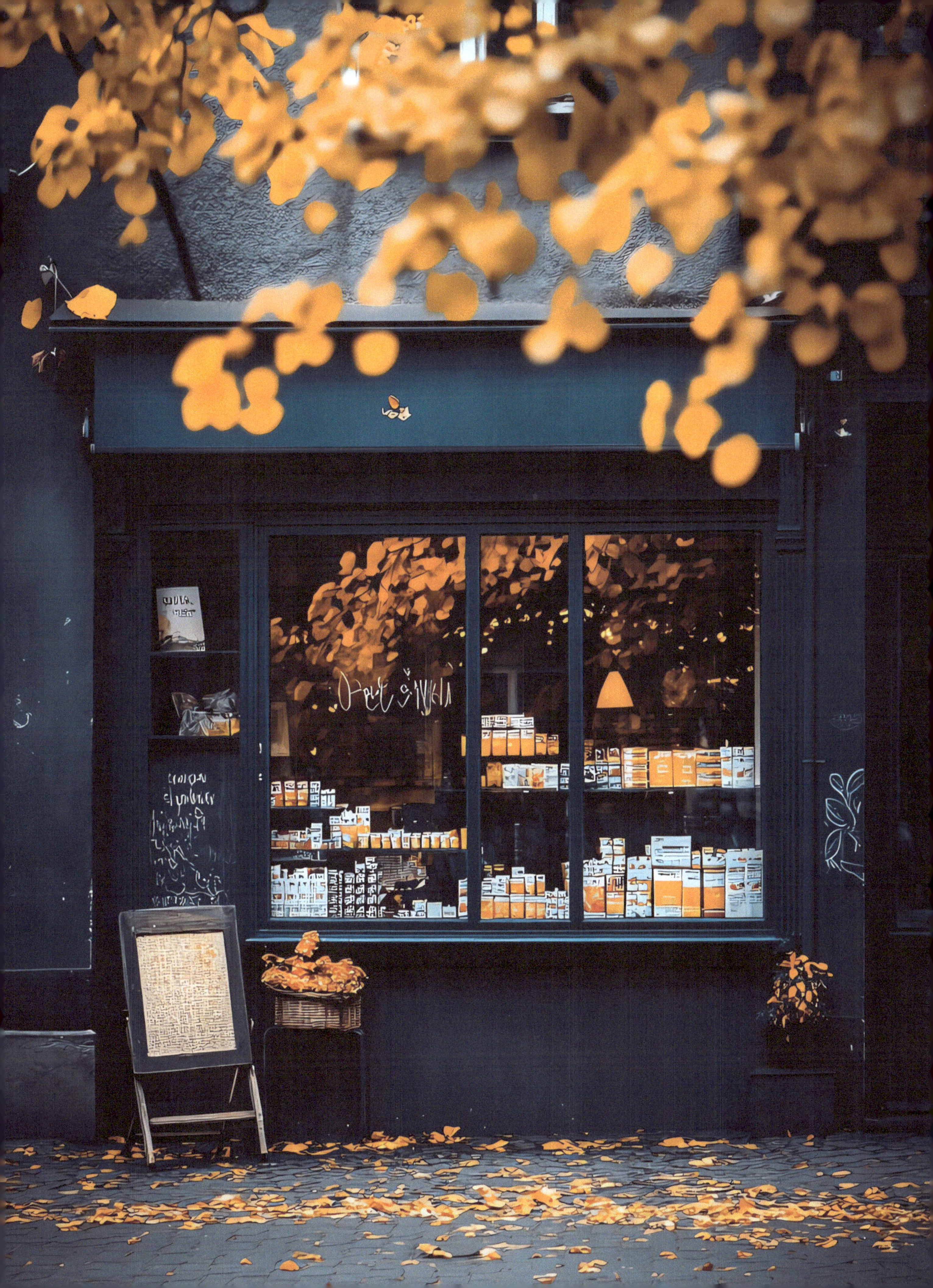

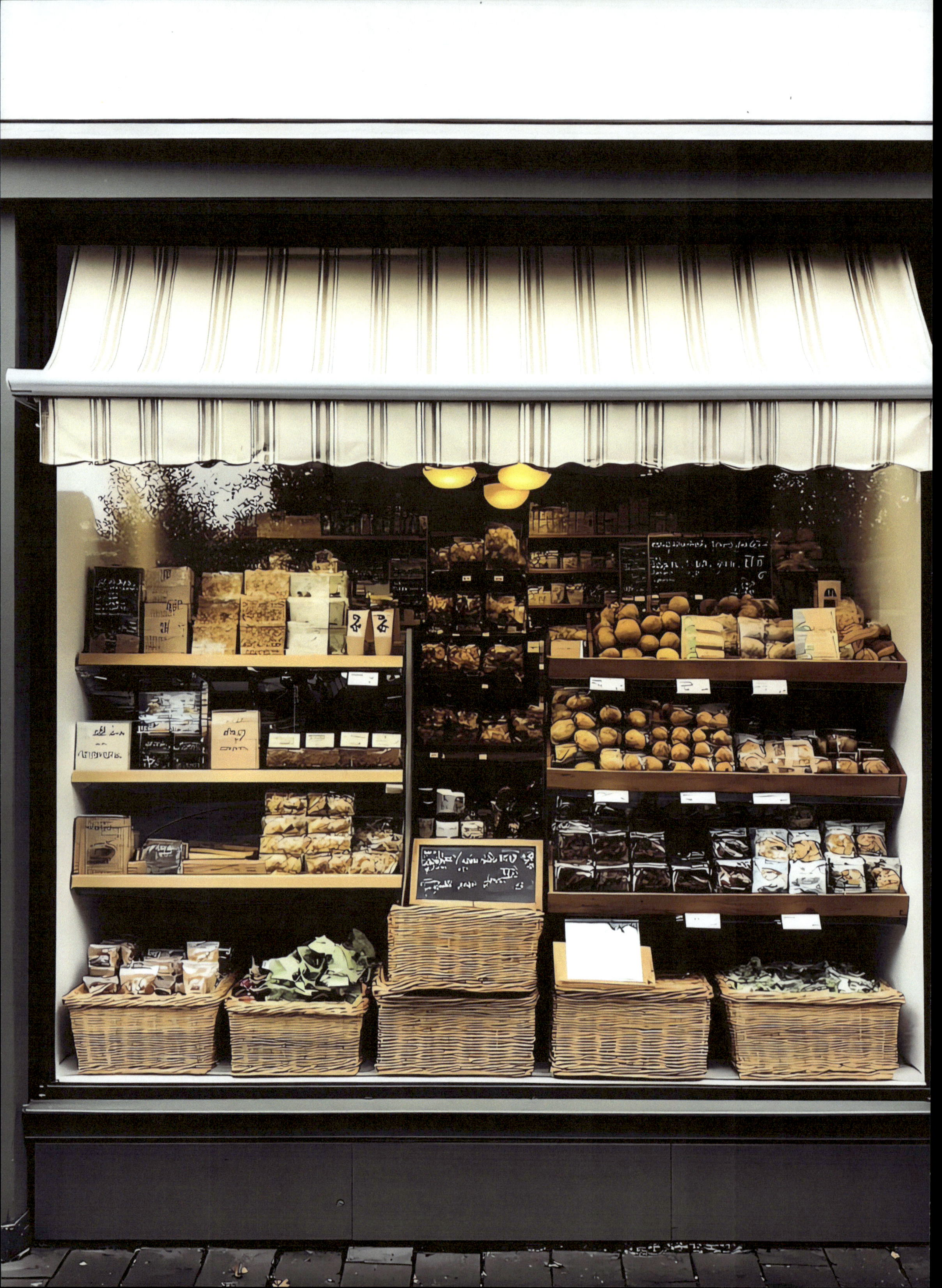

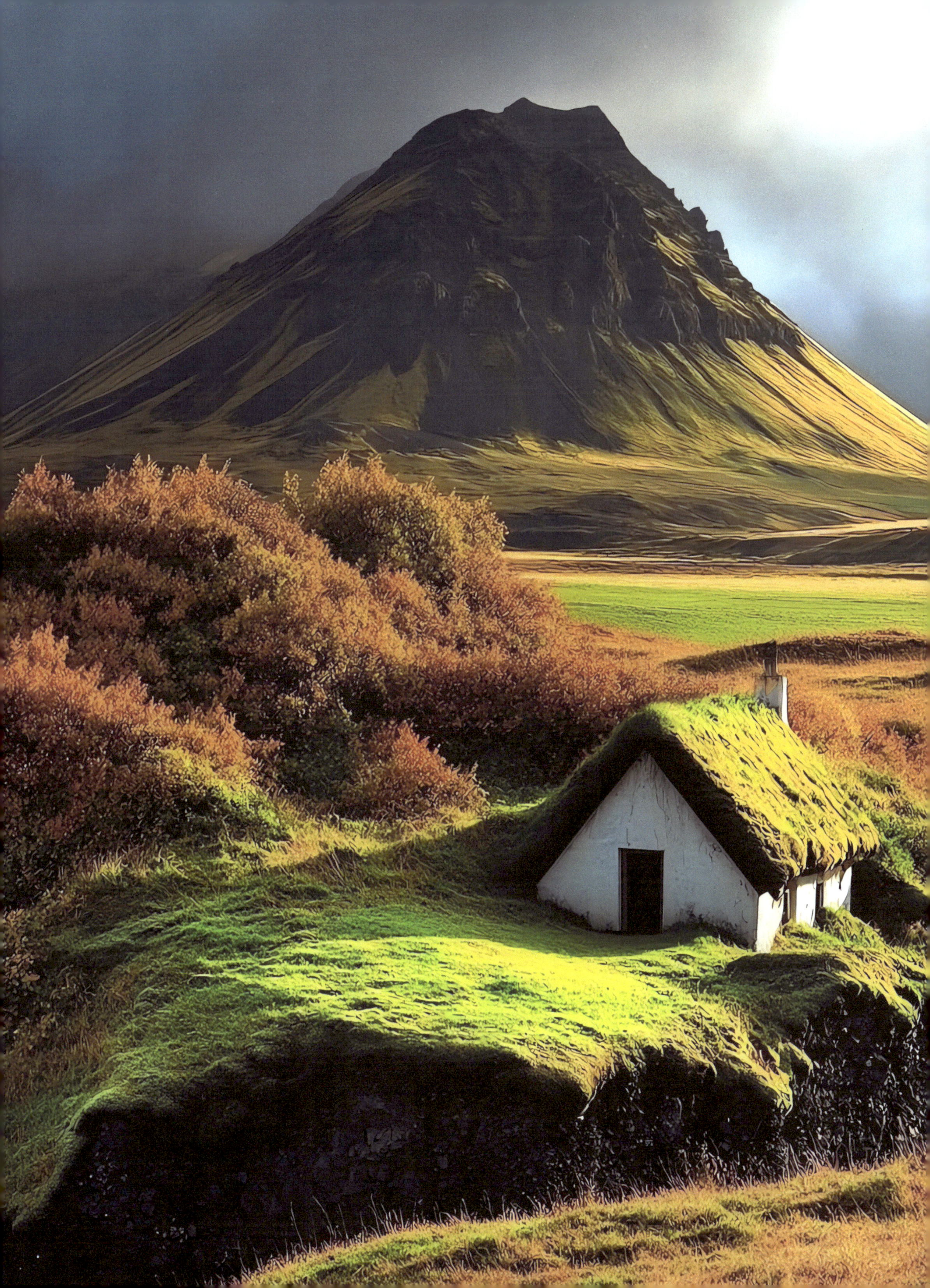

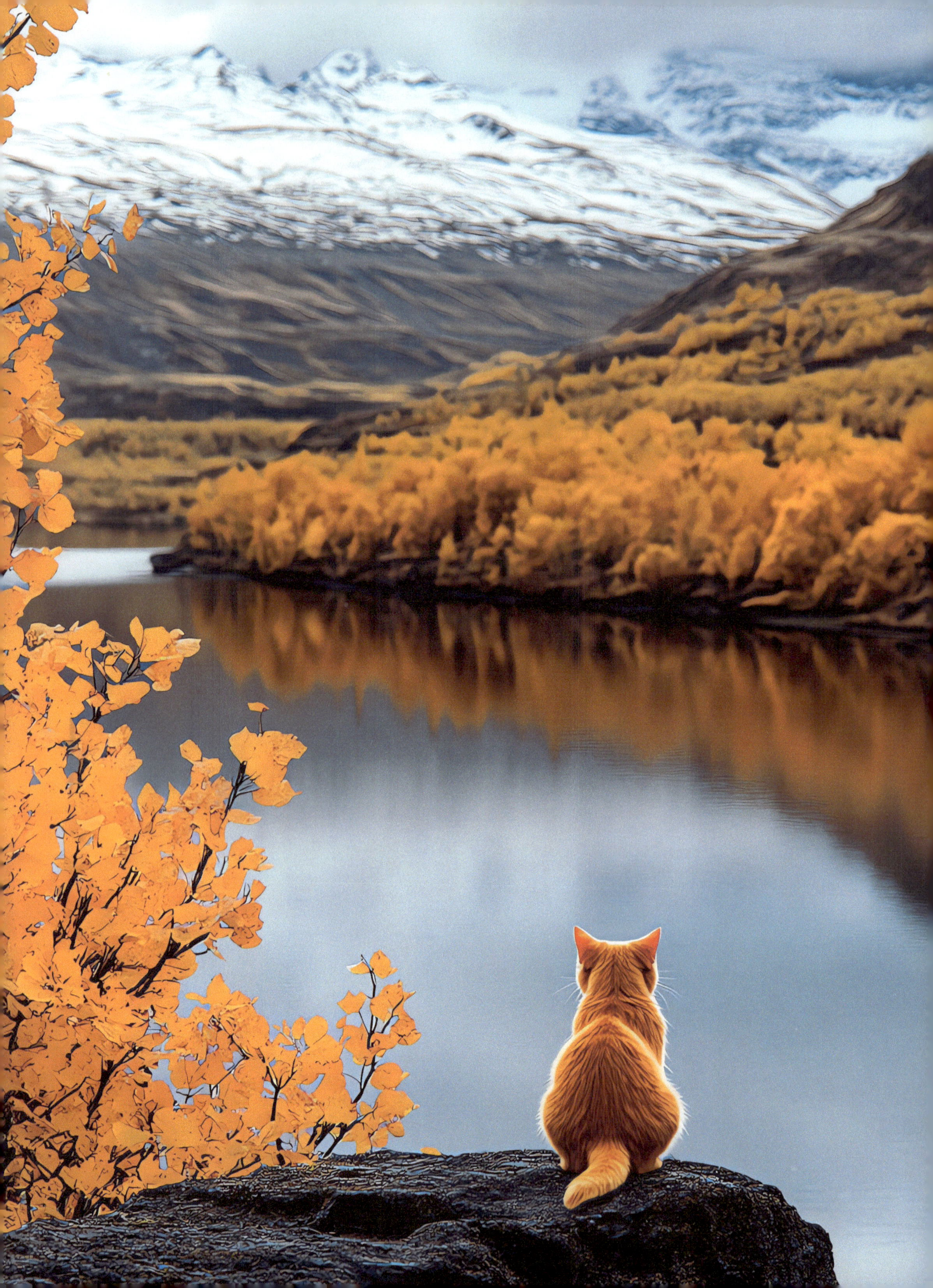

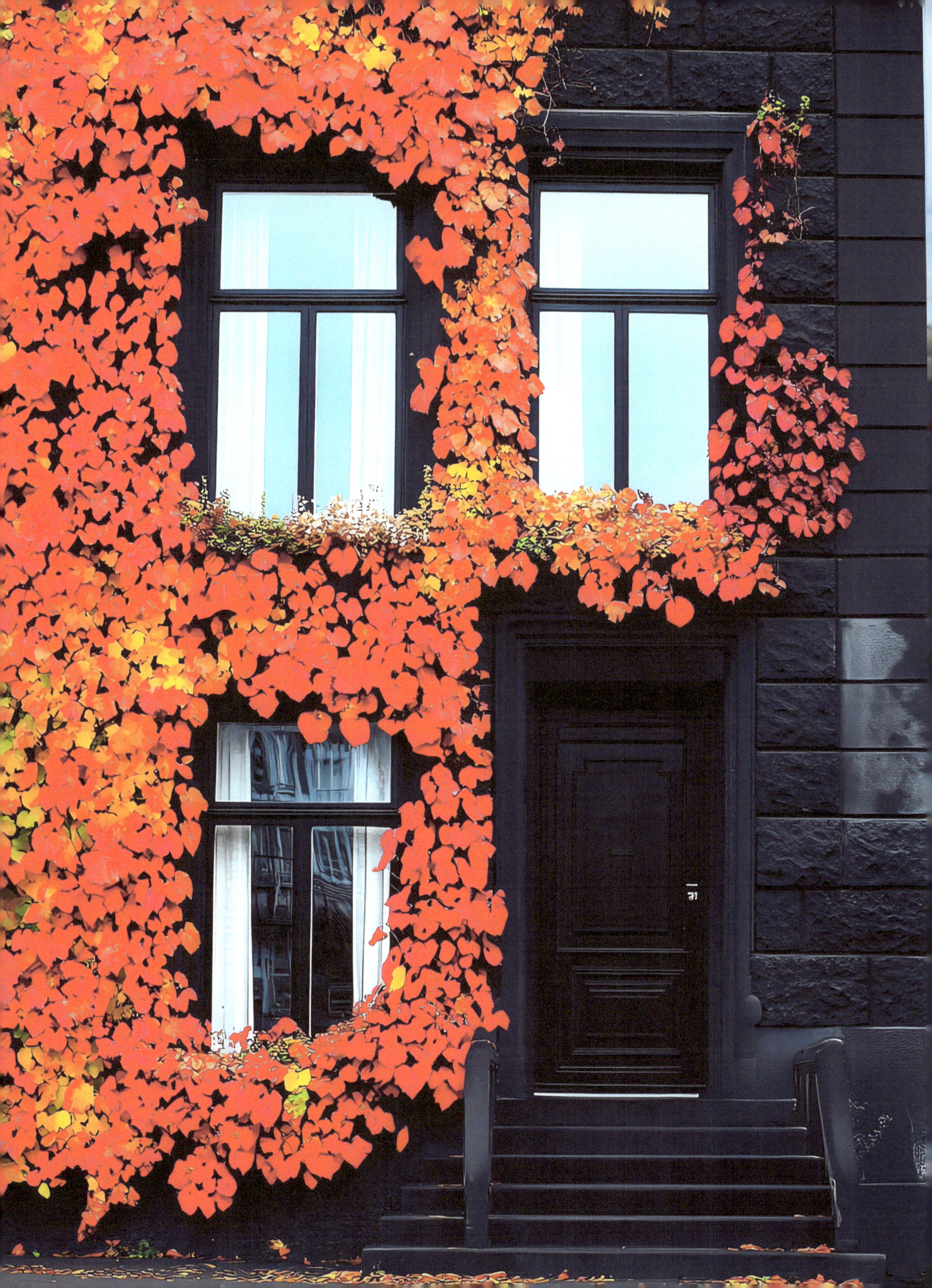

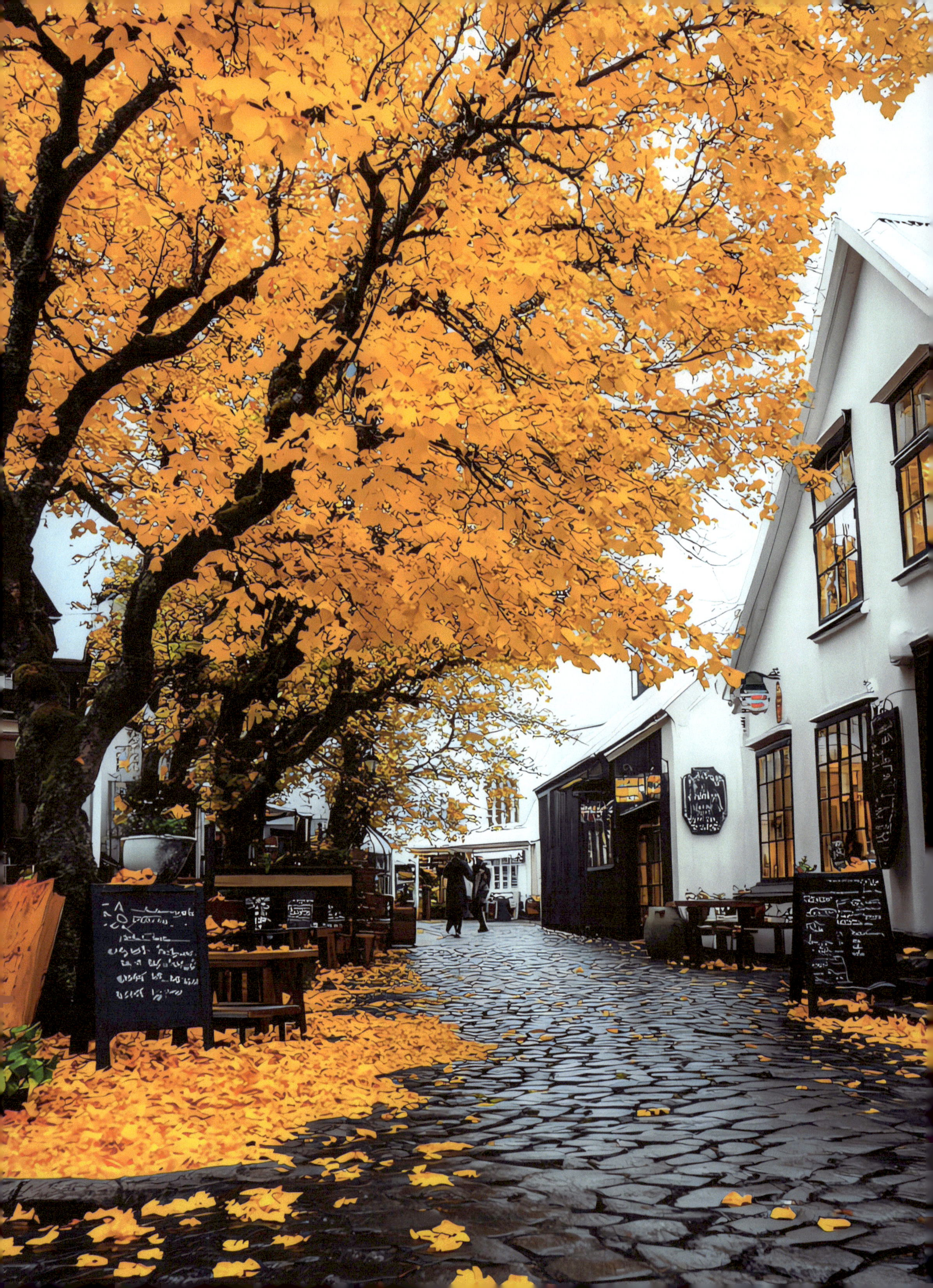

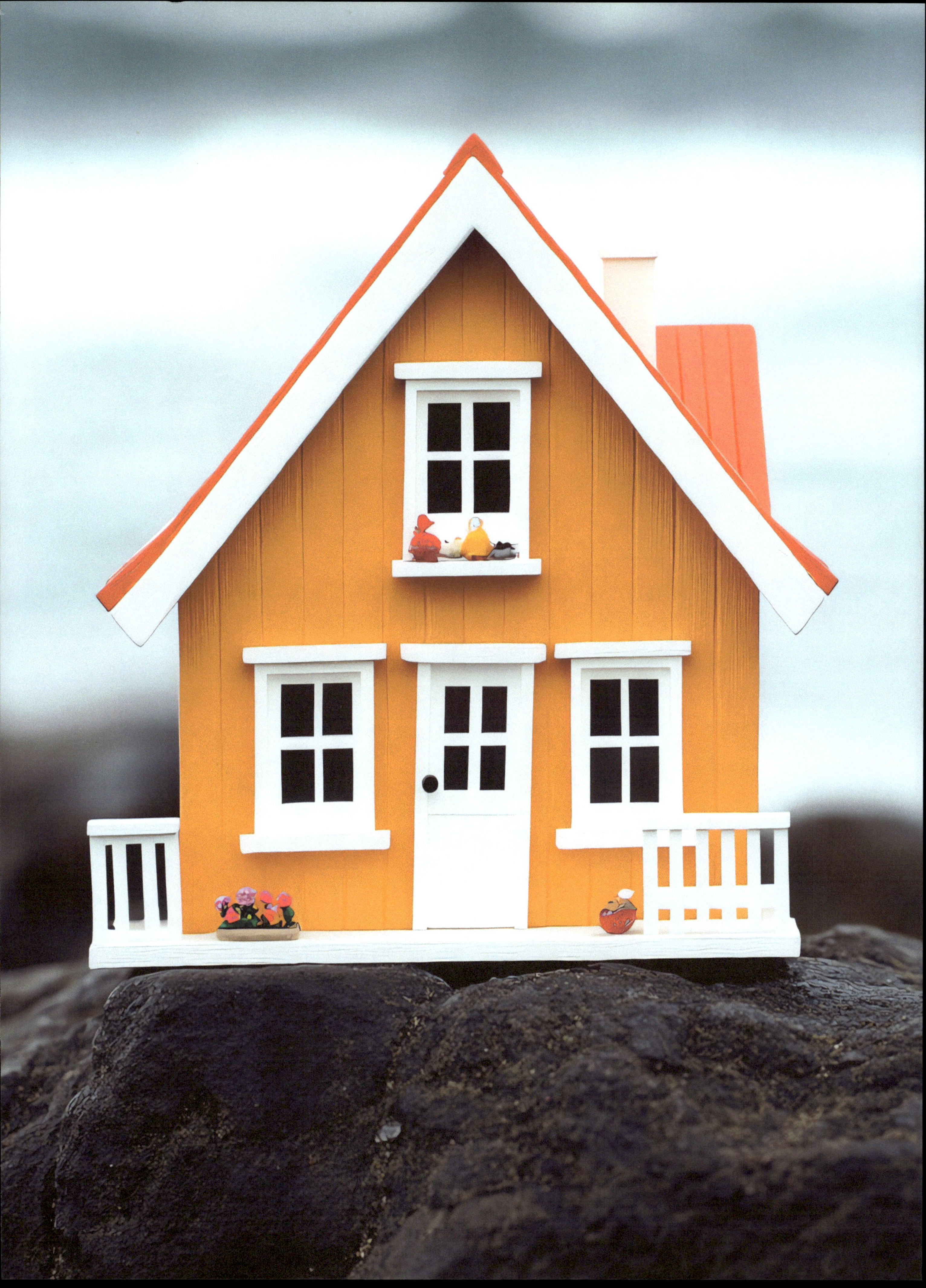

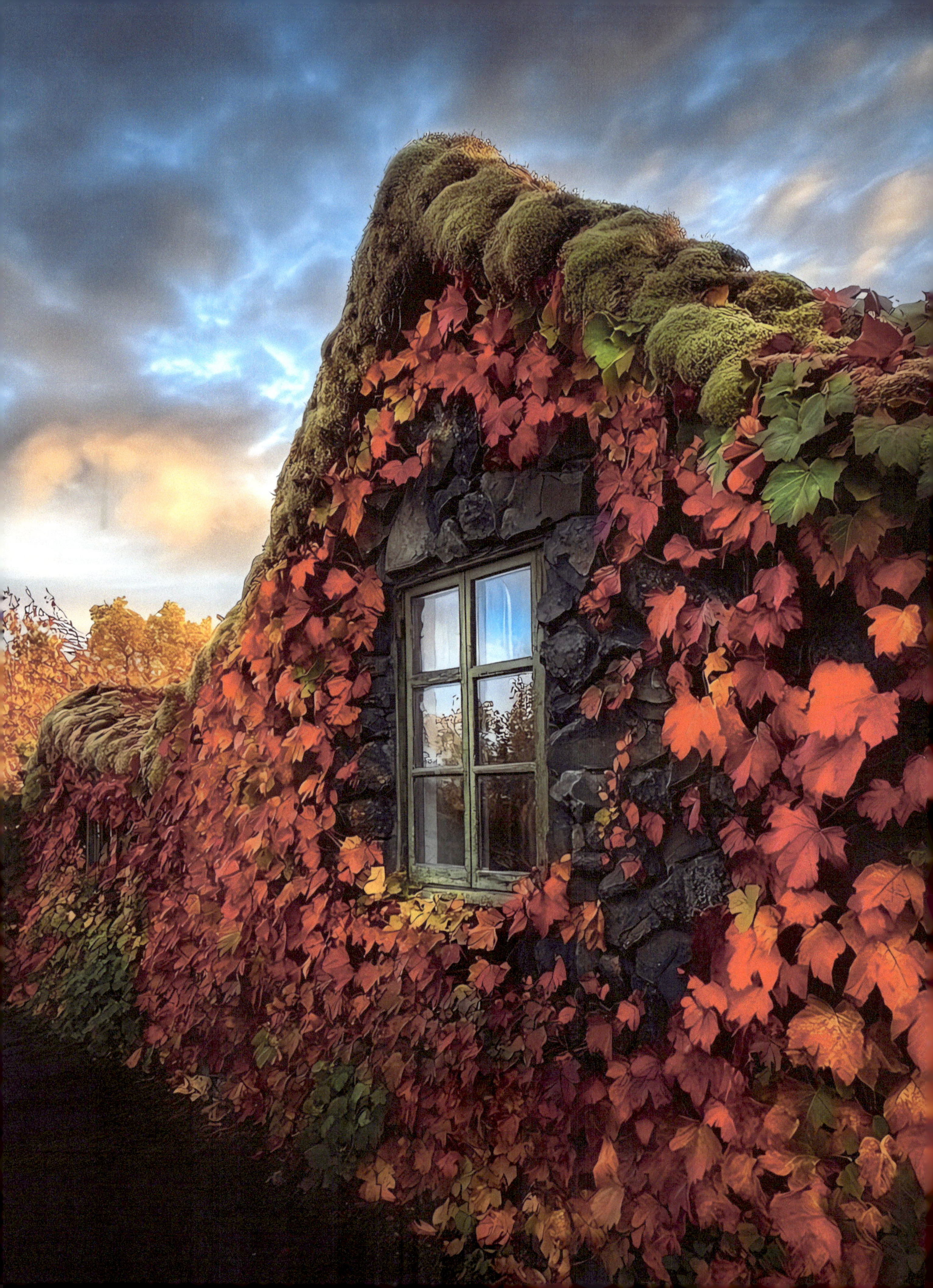

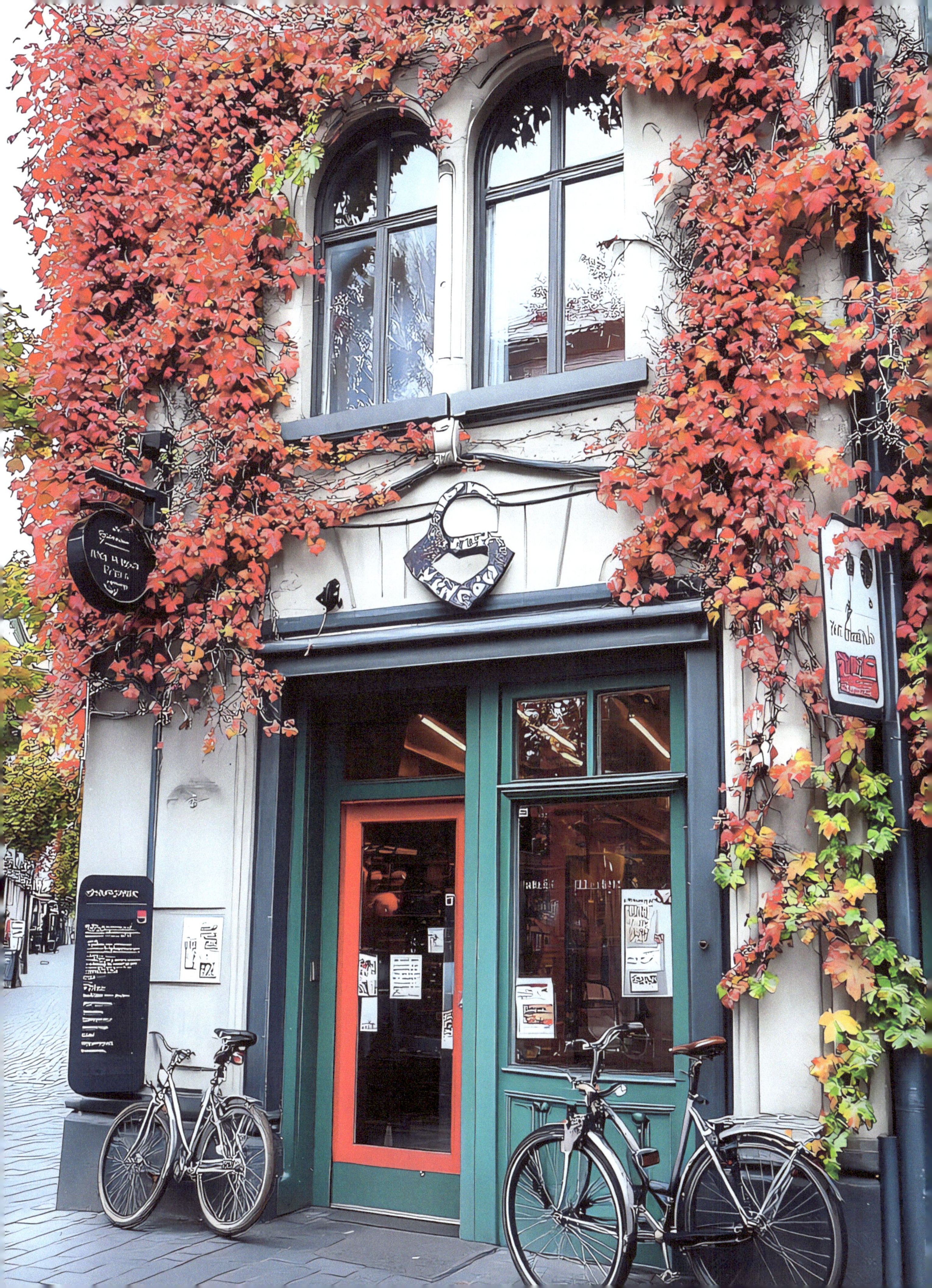

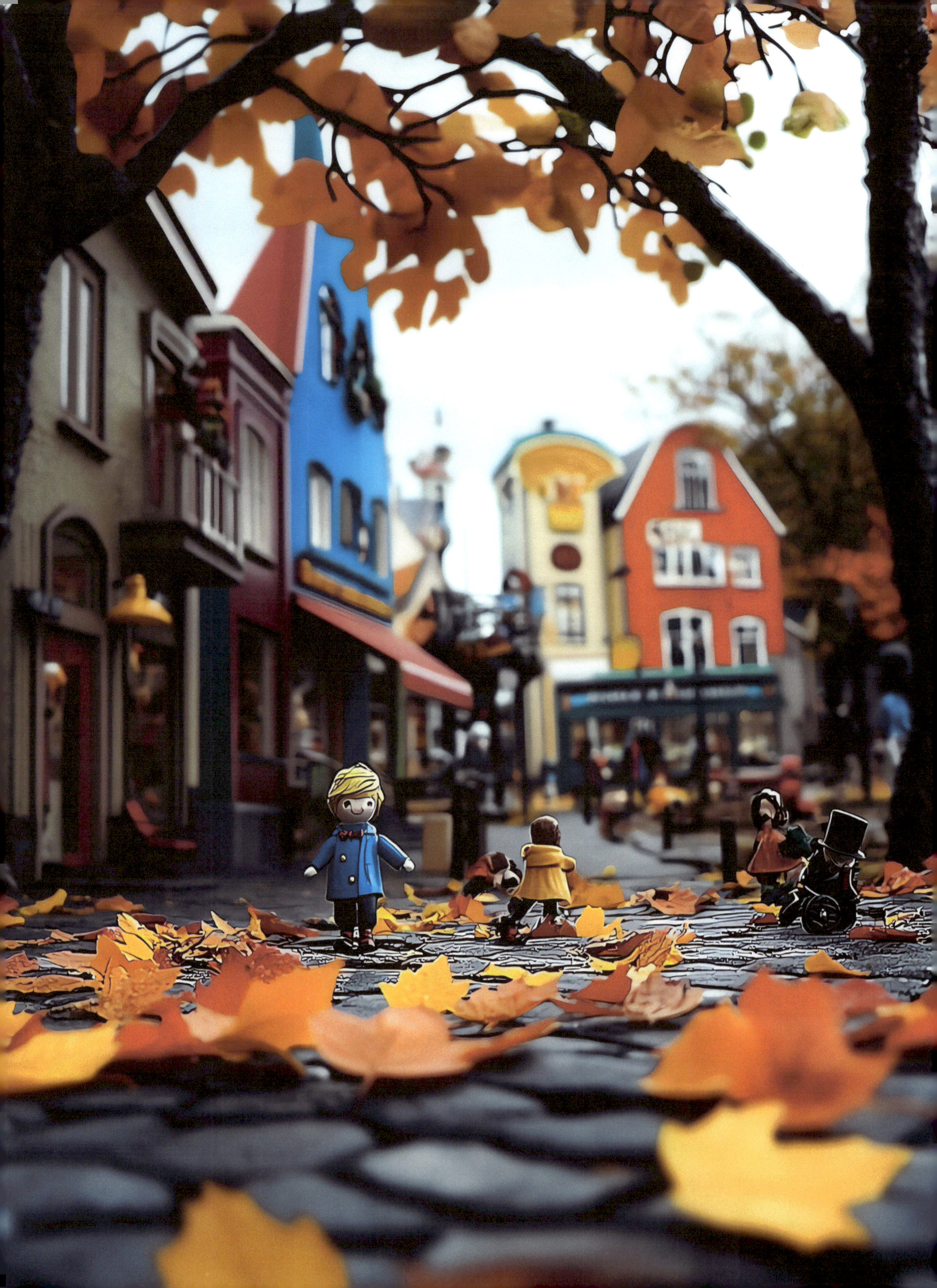

www.ingramcontent.com/pod-product-compliance
Lightning Source LLC
Chambersburg PA
CBHW040421220526
45473CB00004B/1318
* 9 7 9 8 3 0 3 3 4 4 6 3 1 *